大江大河系列丛书

滚滚长江

陈松平 著

全国百佳图书出版单位

APGTIME 时代出版

时代出版传媒股份有限公司

黄山书社

图书在版编目（CIP）数据

大江大河系列丛书. 滚滚长江 / 陈松平著. -- 合肥 : 黄山书社, 2024.3

ISBN 978-7-5737-0626-3

Ⅰ. ①中… Ⅱ. ①陈… Ⅲ. ①长江—概况 Ⅳ. ①K928.42

中国版本图书馆CIP数据核字（2022）第251967号

大江大河系列丛书 · 滚滚长江 陈松平 著

Dajiang Dahe Xilie Congshu Gungun Changjiang

出 品 人 葛永波
责任编辑 刘莉萍
装帧设计 有品堂_刘 俊 张俊香
出版发行 黄山书社（http://www.hspress.cn）
地址邮编 安徽省合肥市蜀山区翡翠路 1118 号出版传媒广场 7 层 230071
印 刷 安徽新华印刷股份有限公司
版 次 2024 年 3 月第 1 版
印 次 2024 年 3 月第 1 次印刷
开 本 700 mm × 1000 mm 1/16
字 数 200 千字
印 张 14.25
书 号 ISBN 978-7-5737-0626-3
定 价 69.00 元

服务热线 0551-63533706

销售热线 0551-63533761

官方直营书店（https://hsss.tmall.com）

目录

伏波安澜

水韵长歌

大国血脉

引子

他们眼中的长江

夏秋之交，潇潇暮雨中，郦道元读罢《水经·江水》，心痒难耐，渴望一睹长江的形胜之美。怎奈从范阳至巴郡，不知要累坏多少车马，况天下处于南北朝分治，无法自由往来。他只好掩卷闭目，于冥想中看到了长江“两岸连山，略无阙处。重岩叠嶂，隐天蔽日”，丰汛期“夏水襄陵，沿溯阻绝”，而到了“春冬之时，则素湍绿潭，回清倒影”……于是他赶紧摸索着伏到案头，点亮烛火，用神来之笔勾画出一个让人身临其境的“飞阅长江”场景，堪比当今的 VR 效果。

这是北魏地理学家郦道元眼中的长江——一条雕刻山川、壮美如画的风光河。

58 岁的李白，身负“附逆”之罪被流放夜郎，途经三峡，苍茫群山间腾起的浓雾，让他更感此生时运不济，发出了“我去黄牛峡，遥愁白帝猿。赠君卷葹草，心断竟何言”的忧叹。不久，至白帝城时，忽闻皇帝大赦天下，他大悲急转大喜，旋即又东出三峡归浔阳，在青山绿水间，纵声长啸，有感而发，吟出了“朝辞白帝彩云间，千里江陵一日还。两岸猿声啼不住，轻舟已过万重山”的千古绝唱。诗中写景与融情、浪漫与夸张，皆达到至高境界。

这是大唐“诗仙”李白眼中的长江——一条造化神奇、流淌诗歌的文化河。

仕途沉浮起落、抱负难以施展的苏轼，因“乌台诗案”被贬黄州。团练副使这个闲差，让政治上失意的他，有更多的时间与精力体察民情、游历访古。这天，他再次来到黄州城外，站在长江之滨一座被称为“赤壁”的红褐色石崖上，面对奔腾浩荡的长江，想起自己命途多舛的人生，少年壮志皆已付诸东流，不禁俯仰古今，豪气顿生，指点江山，臧否人物，留下了“大江东去，浪淘尽，千古风流人物”的传世名篇。

这是北宋文豪苏轼眼中的长江——一条人文荟萃、英杰辈出的毓秀河。

有历史记载以来长江最大的一次洪水，让李瀚章和郭柏荫不得不暂时停下湖广总督一职的交接仪式，共同投入防洪救灾中。1870 年夏天，长江上中游发生历史罕见的暴雨洪灾，导致四川、湖北、湖南等省沿江“衙署、庙宇、民居、田禾淹没无算，为数百年未有之奇灾”。李、郭二人联名呈给同治皇帝的奏折中称：“川江水势异涨，荆宜等属猝遭水患，并汉江时发，沿河民田垸堤漫淹。”

这是清廷封疆大吏李瀚章和郭柏荫眼中的长江——一条桀骜难驯、威不可测的洪患河。

为电影《上甘岭》创作主题曲的乔羽，在“卡壳”十几天后，从当年坐船横渡长江的记忆里找到了灵感：辽阔的江面上波浪翻涌，朵朵白帆争先出发，两岸稻田青翠夺目，着实把这个喝黄河水长大的北方人惊艳到了。于是，“一条大河波浪宽，风吹稻花香两岸……”喷薄而出，成为中华儿女歌唱祖国的经典曲目。正是由于“一条大河”的共性，所有生长在江河边或者见过江河的中国人民，心中都有一条“波浪宽”的大河。

这是新中国著名词作家乔羽眼中的长江——一条自强不息、滋养万民的母亲河。

看长江，也是看中国。

“他们”眼中的长江，也是每位中华儿女眼中和心里多元的美丽长江。

陈松平

在历史的烟云里，长江甚至曾经有过很长时间的「大江向西流」的阶段，在亿万年的云水激荡中，通过大自然的鬼斧神工，历经沧海桑田，产生了万千变化，才有了今天这条横贯东中西、辐辏南北方的万里巨川。

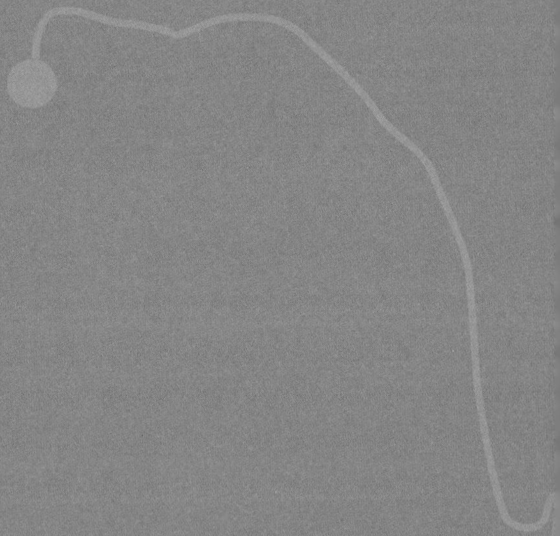

源远流长

▲

长江源头雪山

亿万年来历经一次次阵痛和沉淀后，大自然运起神工鬼斧，在世界屋脊的冰川雪山与横无际涯的太平洋之间，画出一道壮美的弧线，这就是源远流长的万里长江。

从白雪皑皑的千山之巅汩汩发源，到白浪滚滚的东海之滨滔滔入海，长江流出了 6300 千米的绵长，一路上兼容并收，接纳了包括岷江、嘉陵江、汉江在内的 3600 余条大小支流，携手一起后浪推着前浪滚滚向东，途中还如"长藤结瓜"一般挽起了包括洞庭湖、鄱阳湖、巢湖、太湖在内的数千个湖泊，构成了一个庞大的水系家族。

这个水系家族，干流横贯西东，流经青海、西藏、四川、云南、重庆、湖北、湖南、江西、安徽、江苏、上海共 11 省（自治区、直辖市）；支流辐辏南北，延伸至贵州、甘肃、陕西、河南、广西、广东、浙江、福建 8 个省（自治区）的部分地区。

这个水系家族，犹如扎根神州大地的生命之树，干支交错、枝繁叶茂，流域面积 180 多万平方千米，约占全国陆地面积的 20%。滔滔江水通过这棵生命之树，流过雪域高原，流过深邃峡谷，流过沃野平原，流过富庶水乡，流过繁华都市，也流进了千家万户。

江海变迁

日月经天，江河行地。

长江从何而来？又是如何形成的？

今天我们看到的这条锦绣万里、波澜壮阔的长江，其实并非其最初之模样。

在历史的烟云里，长江甚至曾经有过很长时间的“大江向西流”的阶段，在亿万年的云水激荡中，通过大自然的鬼斧神工，历经沧海桑田，产生了万千变化，才有了今天这条横贯东中西、辐辏南北方的万里巨川。

远古时代，长江流域的绝大部分区域都淹没在古地中海之下。那个又名特提斯的巨大海洋，横贯欧亚大陆南部，覆盖范围西起比利牛斯山、阿尔卑斯山，经过小亚细亚半岛、高加索山、伊朗高原、帕米尔高原、喜马拉雅山直到中南半岛和爪哇岛，南接印度洋、东连太平洋，苍茫辽阔，无边无际。海水淹没了今天的青藏高原南部及川西、滇西、滇中、黔西和桂西大片地区，并延及四川盆地和鄂西，形成了一个向东延伸至巫峡和西陵峡之间的广阔海湾。

在浩渺海水的压迫与撞击下，地壳并没有屈服，而是不断运动反抗。随着一声又一声的轰隆巨响，发生在 1.8 亿年前三叠纪末期的印支造山运动，使得昆仑山、可可西里山、巴颜喀拉山、横断山脉、秦岭等著名山脉逐渐突起，拉扯着长江中游南半部隆起成为陆地，古地中海不得不仓皇西撤，不仅从西藏、青海南部、川西退出，还从黔西、桂西退出，原始的云贵高原趁机冒头。

也许是撤退得太过匆忙和狼狈，或许是心有不甘，古地中海的残余势力，在横断山脉、秦岭和云贵高原之间的断陷盆地继续盘踞，逐渐形成了巴蜀湖、云梦泽、西昌湖、滇池等几处大型古湖泊，它们与槽状凹地形成的河道串联后，自西向东，经云南西部的南涧海峡，依然流入业已大面积西退的古地中海。

这就是古长江的雏形。颇为有趣的是，古长江是往西流的，与今长江的流向正好相反。

斗转星移，潮落潮起。约 1.4 亿年前，正值恐龙称霸大陆的侏罗纪时代，地球上发生了规模更大、频率更高的地壳运动，即著名的燕山运动。青藏高原开始缓缓抬高，并褶皱成许多高山深谷、洼地裂谷，今日长江的发源地唐古拉山脉正式形成。而在青藏高原东部，四川盆地逐渐凹陷，巫山和大别山等山脉则日益隆起。

到 1 亿年前的白垩纪时，四川盆地开始缓慢、均衡上升，夷平作用不断发展，云梦、洞庭盆地却日渐下沉。由于这一时期气候炎热多雨，降水分布又比较集中，所以河流切割作用剧烈，鄂西的古长江加强了向三峡一带山原的溯源侵蚀，于是以巫山山脉为分水岭，西部的古长江流入四川盆地（巴蜀湖），东部的古长江流入云梦、洞庭盆地（湘鄂湖）。此时长江流域的总体地势呈东高西低。

亿万年的岁月在地壳继续碰撞、运动中缓缓流逝，5300 万—3650 万年前的始新世，地球上又发生了强烈的喜马拉雅运动。根据板块学说解释，该运动是印度洋洋底的不断扩张使印度板块从冈瓦纳古陆东部分离出来，向北移动的速度加快，并与欧亚古陆相撞而引起的。那时，印度板块顺着古地中海的北缘海沟，俯冲到欧亚板块之下，两大板块相互强烈挤压，结果使青藏高原隆起，古地中海随之消失。长江流域古地理因此发生显著转变，全流域普遍间歇上升。由于西部上升强烈，东部上升较缓，形成了长江流域西高东低的地势。地壳的剧烈隆升使长江上游金沙江两岸高山突起，青藏高原和云贵高原显著抬升，并形成一些断陷盆地。伴随着地壳的隆升，河流产生强烈的下切作用，出现了许多深邃险峻的峡谷。原来自北往南流的水系，受云贵高原的阻挡、构造控制或河流间袭夺等影响，改变流向，相互归并、串通，

▲

金沙江

▸ 长江上游峡谷

顺地势的倾斜折向东流。四川盆地西缘的水流受高原抬升的影响，也加强了向西的溯源侵蚀，并截夺了从高原上东来的水流，形成了金沙江河段和四川盆地河段相贯通的水系形态。长江中下游地带在这一阶段上升幅度较小，仅形成中低山和丘陵，一些低凹地带则下沉为平原，如洞庭湖平原、江汉平原、鄱阳湖平原、皖苏沿江平原等。

到 300 万年前，一心向往苍穹的喜马拉雅山再度发力，竭力向上，剧烈隆起。在其影响下，青藏高原进一步抬升。同一时段，从湖北伸向四川盆地的古长江溯源侵蚀作用再次加快。

滴水尚能穿石，河流侵蚀的力量在漫长岁月里更是巨大无比。100 万年前左右，从湖北伸向四川盆地的古长江溯源侵蚀作用加快，巫山被切穿，东西古长江自此贯通。

狂野的江水带着初生的血性和莽撞，劈开山脉和峡谷，沿着业已形成的西高东低地势，一路收拢支流和湖泊，汇聚成一条波涛滚滚的巨川，浩浩荡荡地朝旭日升起的方向奔腾而去，注入大海。

至此，经过漫长的海陆大变迁，今日之长江正式形成，真正地“不尽长江滚滚来”，永远地“大江东去”了。

寻踪觅源

参天之木，必有其根；怀山之水，必有其源。

亿万年来奔腾不息的浩荡长江，从何而来？几千年来，人们一直在坚持不懈地寻找答案。

虽然没有卫星遥感、无人机测绘等高科技手段，但古人对长江寻踪觅源的热情一直都很高。《尚书·禹贡》中就有“岷山导江”的说法，意为大禹治水疏导长江来到了岷山，此处就是长江源头。据考证，当年大禹治水到过的“岷山”位于今甘肃天水市境内，是嘉陵江的西源。《尚书》乃儒家经典，

《尚书·禹贡》中“岷山导江”之论断，被后世奉为圭臬，其后的《山海经》《水经》都沿用了这一说法。后来，北魏地理学家郦道元又误认为四川的岷山就是“岷山导江”之岷山，他在《水经注》中称“岷山在蜀郡氐道县，大江所出”，将发源于氐道县（古县名，治今甘肃省武山县东南）的岷江认定为长江源头。

在这些经典著作的影响下，古人也就长期把嘉陵江或岷江当成长江正源，一直到明代才有新的说法出现。

明初洪武年间，南京天界寺宗泐禅师奉旨赴西域取经，归来途经昆仑山麓，观山河之势，认为昆仑山脉东段的巴颜喀拉山是长江与黄河的分水岭，山的西南侧水系是长江源头，山的东北侧水系是黄河源头。宗泐的发现，大大超出了前人，也离真正的长江源头很近了。可惜的是，他的这一发现只以寥寥数语被记述在《望河源》一诗的序言中，流传并不广，没有产生多少影响。

流淌的时光总能一层一层拨开迷雾，逐渐接近事实。宗泐探寻江河源头的200多年后，明末万历年间，集地理学家、旅行家、文学家多种身份于一身的著名学者徐霞客，在探幽寻秘中对“岷山导江”之说产生了怀疑，并身体力行前往查证。他遍游祖国名山大川，在云南循金沙江而上，沿途对山脉、水道、地质和地貌等方面进行了严谨细致的探察，写成《江源考》一文，根据无可辩驳的现场考察实证，明确提出“故推江源者，必当以金沙为首”的著名论断，纠正了“岷山导江”的传统认知。

虽然因当时条件所限，徐霞客考察范围只停留在四川和云南境内，未能溯江向西攀上青藏高原，找到真正的长江源头，但“必当以金沙为首”之论，纠正了“岷山导江”的谬误，指明了江源的正确方向，也算离事实更近一步了。

真正的江源，还有待于后来人发现。

清代康熙年间，为绘制精准的全国地图，朝廷多次派人到青藏地区测量。1717年，康熙皇帝又派出楚儿沁藏布、兰木占巴、胜住等三人前往探测。三人沿着金沙江上溯，一路探寻并攀上了青藏高原，抵达江源地区，但见这一带河流交错，密织如网，蜿蜒连通天际，至于源头何在，实不知从何处下手探寻，于是只好在奏章中如实回禀：“江源如帚，分散甚阔。”意思是，

▲
长江

这里的河流就像扫帚一样，千条百枝紧密扎在一起，源头根本无从找起。但值得肯定的是，此时人们已将长江源头上溯到通天河上游，进一步接近事实。1718 年初步完成的《康熙皇舆全览图》中已绘出通天河上游水系的大致位置。到民国时期，长江源则已细化为沱沱河、尕尔曲、当曲、布曲、楚玛尔河等数条河流，但究竟谁是正源，众说纷纭，莫衷一是。

万里长江正源究竟在哪里？这一千古之谜直到 20 世纪 70 年代才被揭晓。

新中国成立之初，教科书上的长江源头只能以“可可西里山东麓”或“祖尔肯乌拉山北麓”等模糊表述代替。有“长江王”之称的长江流域规划办公室（现为长江水利委员会）主任林一山说：“一个现代国家，如果连自己的重要山川这样最基本的情况都弄不清楚，则不仅不足以言现代，更不足以与之谈开拓创造精神。”长江探源事宜被提上日程。

1975 年，长江流域规划办公室以出版《长江》画册为契机，组织团

▲

青藏高原

队开展江源科考，决心探明长江正源。以当时的国家经济状况，江源科考可谓困难重重、险象环生。在解放军某部的保障支持下，由 24 名队员组成的科考队在 1976 年 7 月开始向江源进发。

据首次江源科考牵头者成绥台回忆，到终年积雪，无人、无路、无图的高原地区去探明江源，当时唯有依靠从国外购置的几张卫星图片判断江源大致方位，以及国家登山队支援的 10 多顶登山帐篷和 20 多套鸭绒睡袋。

参与这次江源科考的绝大部分队员都是首次上高原，高寒缺氧环境造成的严重高原反应让队员们头痛欲裂，有的甚至吐血不止。一路上也没有成形的道路，卡车经常陷入沼泽，260 千米要走 8 天。

坐车、骑马、徒步，在高原上走走停停，不断修正路线，艰难跋涉 50 余天后，队员们迎来了激动人心的结果——他们在各拉丹冬雪山姜根迪如冰川下，确认了长江的源头。海拔 6621 米的各拉丹冬，在藏语中的意思是“高高尖尖的山峰”，是唐古拉山脉主峰，其周围有 20 多座海拔 6000 米以上的雪山，共同组成南北长 50 余千米、东西宽约 20 千米的雪山群。雪山群西南侧，姜根迪如冰川下的冰川融水，便是沱沱河的源头。根据“河源唯远、水流顺直”的原则，队员们确认沱沱河为长江正源。

当年参与江源科考的石铭鼎在《难忘的长江源考察》一书中记述了当时的情景——他登上长江之源的雪山，看到南北侧两条 10 多千米长的冰川，犹如两条“玉龙”呈钳状环绕，激动之下不禁对自己低语：“长江，终于找到你出生的地方了。”

经过实地考察与专业测量后，首次江源科考成果在 1978 年 1 月由新华社向世界宣布：长江的源头不在巴颜喀拉山南麓，而是在唐古拉山脉主峰各拉丹冬雪山西南侧的沱沱河；长江全长不止 5800 千米，而是 6300 千米，比美国密西西比河还要长，仅次于南美洲的亚马孙河和非洲的尼罗河。

这一科考成果震惊世界！

一个月后，美联社报道：中国长江取代密西西比河，成为世界第三大河流。

就这样，历经千年探寻，长江源头终于被确定下来。

长江的身世，水落石出。

江之为江

现藏于湖南省博物馆的《西汉初期长沙国深平防区地形图》，1973 年出土于湖南长沙市马王堆三号汉墓。据考证，这幅绢质地图大约制作于西汉文帝十二年（前 168 年）以前，绘制的是汉初长沙国南部及南越王赵佗占据地区的地形，范围相当于今天广西全州、灌阳以东，湖南新田、广东连州以西，北至湖南新田，南至南海。该图是迄今发现的最早把南海绘入中国版图的地图，而且图中的水系绘制清晰、准确，图上以潇水为主线，绘有大小河流 30 多条，主、支流关系明确，交汇口图形正确，将河流与地形的关系描绘得十分具体。

潇水是长江的一条重要支流，其水系流域被清晰准确地呈现在这张绘制精良的古图上，体现了人们在当时的技术条件下对长江的认知已经颇为精准。

长江上游多在群山之间穿行，山高谷深，江流急湍，中下游则水网密布，河湖连通，支流繁多。在道路险阻、交通不便的古代，人们显然不可能认识长江全貌，只能将自己认知的一个个局部当成长江或者拼凑成长江，这点从历代王朝绘制的地图中亦可见一斑。

位于武汉的长江文明馆，藏有不少历代绘制的与长江流域有关的地图复制品，包括宋代的《华夷图》《禹迹图》《九域守令图》《禹贡所载随山浚川之图》，明代的《杨子器跋舆地图》《江防图》《大明混一图》，清代的《皇朝一统舆地全图》《康熙皇舆全览图》等。从这些图中不难看出，关于长江及其支流和水系的绘制，随着年代的推移，越往后越准确。这也反映出古人通过不断探索，对长江的认识也在不断地加深，至清代已经对整条长江有了清晰的认识。

在科技不发达、关山阻碍的古老岁月里，虽然人们无法认识长江这道天造地设的巨流之全貌，但并不妨碍江畔儿女用最隽永的语言来命名和赞美自己的母亲河。

早在春秋时期，在我国第一部诗歌总集——《诗经》中，这条百折向东的万里长川就被称为“江”。《诗经·周南·汉广》载：“汉之广矣，不可泳思；江之永矣，不可方思。”这里的“江”就是指今日之长江。

春秋末期，吴王诸樊的青铜剑上刻有28字铭文，其中就有“处江之阳”4字，这个“江”也是指长江。

古代许多书籍和诗文中，都有关于“江”的记载和描述。如《尚书·禹贡》中有“江汉朝宗于海”，《尔雅·释水》中有“江河淮济为四渎”，《九章·哀郢》中有“将运舟而下浮兮，上洞庭而下江”，《左传·哀公六年》中有“江汉沮漳，楚之望也”等。

随着对“江”的探索和认识逐渐加深，人们又在前面加上“长”字以体现其源远流长的地理特征，或冠以“大”字以体现其磅礴壮阔的气势。“长江”一词在三国和晋代的文献与典籍中就已出现，《三国志·吴书·周瑜传》中记载，赤壁之战前东吴众人议事称：“且将军大势，可以拒操者，长江也。”《晋书·王羲之传》中记载，王羲之致信殷浩建言：“今军破于外，资竭于内，保淮之志非复所及，莫过还保长江。”

唐代以后，“长江”“大江”更为多见，如李白的“孤帆远影碧空尽，唯见长江天际流”、杜甫的“无边落木萧萧下，不尽长江滚滚来”、苏轼的“大江东去，浪淘尽，千古风流人物”等千古名句，均有表述。

“长波逐若泻，连山凿如劈”。长江在万里行程上地貌各具特色、河势各有不同，古人对河流的认知通常局限于自己的所见，于是一条长江被无意识地分段切割，从源头到入海口就被不同地区的人们赋予了十几个不同的名字。

在江源区，正源叫沱沱河，北源叫楚玛尔河，南源叫当曲。

当曲口至青海省玉树市巴塘河口，这段800余千米的河道较为顺直，水量丰沛，加之河床海拔高三四千米，河水常年被云雾笼罩，恍若从空中倾泻而下的一条通天之河，故称通天河。传说《西游记》中唐僧师徒落水、晒经故事就发生在这里。

巴塘河口至四川宜宾市岷江口这一段，长约2300千米，占长江全长的1/3以上，历史上有多个名称。《尚书·禹贡》中将其称为黑水，《山海经》

中称之为绳水。东汉称之为淹水。三国时期，又称其为泸水，诸葛亮《出师表》中“五月渡泸，深入不毛”的“泸”即指此河段。唐代称之为神川，南诏与吐蕃曾经在这一带发生战争。宋代之前，这里还被称为丽水。至宋代，因江中盛产沙金而改称金沙江，沿用至今。

金沙江以下，岷江口至入海口，通称长江，但其中各段又多以流经地域而命名。四川宜宾市至湖北宜昌市这一江段，因大部分流经原属

▲
鄱阳湖汇入长江口，长江从此进入下游段

四川省境内，人们通常称之为“川江”或“蜀江”，其中流经三峡的这一段又称“峡江”。

过宜昌后，江面骤然展宽，进入“极目楚天舒”的两湖平原。因春秋战国时期楚国雄踞长江中下游，故宜昌以下的江段也称楚江。

从湖北宜都市至湖南岳阳市城陵矶，因流经古荆州地区，故称“荆江”。“万里长江，险在荆江”就是指这一段。

江西九江市，古称浔阳，故历史上浔阳四周江面专称“浔阳江”。

流经安徽省境内的江段，因安徽简称“皖”，又称“皖江”。

江苏扬州市以下江段，因古有扬子津渡口，故得名扬子江。清末和民国年间，也有不少机构把整条长江称为扬子江。

长江的万里行进过程中，并非一直都是自西向东流，不少江段因地势地貌变化而形成了朝南或朝北的流向，因此也就有了一些以方位命名的江段。岷江以下的长江上游河段曾称“南江”，湖北江陵县至江西九江市这一段曾称“中江”，江西九江市至江苏南京市这一段曾称“西江”，其下游又泛称“北江”。重庆江津区附近河道呈“几”字形，亦称“几江”。安徽和县四周一段江面，因天门山阻断，由东西流向改为南北流向，又称“横江”。

新中国成立后，确定了“长江”为整条江的正式名称。

当然，沱沱河、通天河、金沙江、川江、峡江、荆江、皖江等名字，作为长江各段的名称仍在使用，而扬子江在国际上也作为长江的别称。

万里巨川

东经 91° 07'，北纬 33° 29'。

唐古拉山脉主峰，各拉丹冬雪山姜根迪如冰川上那些巨大的冰凌，在阳光照射下晶莹剔透。冰凌上一滴又一滴落下的水珠，在地上汇聚成缓缓的水流……

这，便是世界第三大河流——长江的源头。

巨川不拒涓滴。万古奔流的长江，正是从世界屋脊上的涓涓细流出发，在一路起伏跌宕、纵横宛转中，穿越峻岭险滩、吸纳百水千湖，终成浩浩汤汤之势，不舍昼夜向东海奔去。

源系青藏高原，尾连茫茫东海。从长度来讲，长江干流全长 6300 千米，在世界大河中仅排在南美洲亚马孙河和非洲尼罗河之后；从水量来讲，长江水资源总量 9600 亿立方米，约占全国河流径流总量的 36%，为黄河的 20 倍，是我国水量最丰富的河流，

▲

长江下游板子矶段

在世界大河中仅次于赤道雨林地带的亚马孙河和刚果河（扎伊尔河）。

按河道及流域地形特征，长江划分为上、中、下游三个区间。从源头至湖北宜昌市是上游，长 4529 千米。这一段山高谷深，流急滩险，特别是三峡一段，杜甫赞曰：“众水会涪万，瞿塘争一门。”从湖北宜昌市至江西湖口县是中游，长 927 千米。这一段流经两湖平原地区，串起千里沃野和诸多名山大湖，李白形容：“山随平野尽，江入大荒流。”从江西湖口县以下至长江入海口是下游，长 844 千米。这一段江面愈发开阔，特别是入海口，水天一色，蔚为壮观，文天祥称：“一叶漂摇扬子江，白云尽处是苏洋。”

长江纵横万里，流经高原、峡谷、盆地、丘陵和平原，因各段的地质、地形、气候、水文、植被等条件变化多样，在外营力和内营力的长期作用和影响下，形成了不同的河流形态和各具特色的自然景观，使长江流域的河山分外壮丽。让我们一起来看看长江多姿多彩的模样吧。

正如人在童年时最为天真与任性，源头的长江恐怕是其最自由自在和无拘无束的一段。可能是亿万年的封冻太过沉闷寂寥，那些从姜根迪如冰川融下的水滴，争先恐后地奔向大地，汇聚成流后，便开始尽情放纵、恣意奔涌，纵横交织成地质学上所说的辫状水系。这些随性流淌的河网，就是长江最初的源流。江源河网以沱沱河、当曲、楚玛尔河为代表，串联起湿地、沼泽、湖泊，为藏羚羊、白唇鹿、野牦牛、雪豹、斑头雁等诸多珍灵提供了生命舞台，在青藏高原腹地形成一道壮丽的风景。正源沱沱河源起冰川，水流湍急，水色浑浊土黄，犹如浑厚的康巴汉子；南源当曲支流众多，水量充沛，河水

▲

长江第一湾

清澈温婉，好比灵动的高原少女；北源楚玛尔河，源起可可西里，流经地势高亢，河水呈现红色，又被誉为“大地之血”。

江源三河“会师”进入通天河后，水量骤增，河道也变得宽阔。这里平均海拔高达4000米，天空蔚蓝，日照充足，牧草丰茂，两岸滩地“风吹草低见牛羊”。通天河是唐蕃古道的必经之地，位于青海称多县直门达村的通天渡，是这条古道上一座著名的老渡口，当年文成公主经此渡过通天河，将大唐先进的科技与文化传播至青藏高原。在青海玉树市结石镇南约20千米处，还建有文成公主庙。

通天河在巴塘河口将接力棒递给了金沙江，后者立马头也不回地奔腾闯入横断山脉的高山深谷间，与怒江、澜沧江形成“三江并流”之势，在石鼓（云南省玉龙县石鼓镇）来了个360°大回旋，由东南流向急转北上。这道急剧转折的“U”形大弯，就是著名的“长江第一湾”。据传当年诸葛亮“五月渡泸”、忽必烈“革囊渡江”之地都选在石鼓，1936年贺龙率工农红军第二方面军也是由此渡过金沙江。

▲
三峡水库

在“长江第一湾”养精蓄锐多时的江水，出石鼓后继续北上，突遇巍峨雪山阻拦，顿时变得锐不可当，在玉龙雪山、哈巴雪山之间硬是撕开一道长约16千米的口子，高差3000余米，这是世界上落差最大的峡谷之一。峡中水急浪高，涛声阵阵，咆哮如雷。传说曾有猛虎一声长啸，纵身飞跃过江，因而留下虎跳峡之威名。冲出虎跳峡后，金沙江一路呼啸，挽起雅砻江、普渡河、牛栏江、泸沽湖、滇池、邛海等兄弟姐妹，蜿蜒向东，进入四川盆地。

四川盆地被群山环抱，这些连绵高耸的山峦，各自孕育了众多河流，其中岷江、嘉陵江、乌江多年平均流量均在1000立方米每秒以上，超过了黄河。这三大江再加上沱江、赤水河等六七十条河流，最终都流向了盆地，被蜿蜒而过的长江以博大胸怀一一接纳。长江在川江段的水量也因此猛增至之前在金沙江段的三倍，多年平均年径流量达4510亿立方米，大约占长江入海水量的一半。丰沛的水资源将四川盆地滋养成了富饶的“天府之国”。

出四川盆地后，长江在其漫长的上游旅程即将结束之际，进入了两岸山峦夹峙、水流湍急的峡谷地带，这里有著名的“长江三峡”。三峡指的是长江上游西起渝东白帝城、东至鄂西南津关的193千米长的峡谷地带，是瞿塘峡、巫峡、西陵峡这三大峡谷的统称。三峡自然风景雄奇险峻，被世人称为“百里画廊”“天然博物馆”。瞿塘峡的雄伟、巫峡的秀美、西陵峡的险峻早已闻名于世，峡中星罗棋布的名胜古迹，举不胜举。随着三峡工程建成蓄水，从宜昌到重庆绵延650千米的人工湖形成了，“高峡出平湖”的壮观景象呈现在世人面前，巍巍大坝成为镇守长江的“国之重器”，汛期拦洪、枯季补水，一拦一补之间打造出我国最大的淡水资源储备库和生态环境调节器。

两岸青山相对出，一江碧水云中来。载着轻舟从万重山峦夹峙的峡江冲出后，长江便进入了广袤的中下游平原，没有高山硬岩的约束，江水再次恣意奔涌。一手牵起从南逶迤而来的八百里清江后，耳畔已不闻“啼不住”的猿声，入眼便是水网纵横的平畴沃野，若是晚上，就是一派“星垂平野阔，月涌大江流”的壮阔之景。而在先秦以前，这里其实是一片水天茫茫的大泽，

也就是大名鼎鼎的云梦泽，那时长江出三峡后，是在云梦泽里自由泛滥的。秦汉以后，随着长江从上游冲下的泥沙逐渐淤积，以及人口增加后筑堤围垦等活动加剧，云梦泽逐渐萎缩淤积为江汉平原，滔滔江水只能通过狭窄弯曲的九曲荆江向下游宣泄。历史上这一段常常因为上游来水太大而形成洪灾，故有“万里长江，险在荆江”之说。

北边的云梦泽消失了，但荆江南边还有洞庭湖。烟波浩渺的八百里洞庭湖，与奔腾不息的万里长江血脉相通。江水通过松滋河、虎渡河、藕池河、调弦河“四河”分流一部分入湖，洞庭湖同时汇集湘江、资水、沅水、澧水“四水”，湖水再从东面的岳阳城陵矶回归长江怀抱。1000 多年前，范仲淹在《岳阳楼记》中用“北通巫峡，南极潇湘”八个字，精准地概括了洞庭湖水系与长江的关系。

挥别洞庭湖，长江转为西南至东北流向，在江汉平原上吞吐了以“浪打浪”的洪湖为代表的诸多湖泊，终于与其最长的支流——汉江会师在黄鹤楼下，共同塑造了武汉两江三镇的格局。三千里汉江，从秦岭巴山逶迤而来，串联起了汉中盆地、安康谷地、南襄盆地和江汉平原等膏腴之地，独得天地钟灵毓秀之眷顾，是中华民族的福地，也是历史上的战略要冲，常与长江、淮河、黄河并列，合称“江淮河汉”。位于汉江中游的丹江口水库，既是汉江上的防洪骨干工程，也是南水北调中线水源地，自 2014 年 12 月以来，每年有近百亿立方米的汉江水被源源不断送往北方。

▲ 洞庭湖

汉江汇入后，长江的水量又一次暴涨，离开武汉没走多远又转为西北至东南流向，直到与鄱阳湖相遇后，再次改变方向。鄱阳湖是我国最大的淡水湖，水量是洞庭湖的三倍，洞庭湖有“四水”，而鄱阳湖则有“五水”，分别是赣江、抚河、信江、饶江、修水。长江与鄱阳湖交汇后，水量再次大增，根据水量的变化，江西湖口县便被定为长江中游和下游的分界点。

两湖水系加入后，丰沛的江水在平原上冲刷出了一个不再蜿蜒曲折的新型河道——分汊型河道，这种河道在窄段为单一河槽，水深较大，至宽段则有江心滩、沙洲将水流分为双汊或多汊。由坚硬岩石组成的临江矶头，是控制分汊型河道变化的“节点”。当岸边有矶头制约着任性的江流时，河道便紧束，江水汇成一股；越过矶头“节点”，河床展宽，江心洲滩露出，水流分汊。如此一束一放，充满了生命的张力，在长江中下游形成一段接一段的藕节状河道。从城陵矶至江阴 1150 千米河段内，就有分汊河段 41 处，总长 788.9 千米，占区间河长的 68.6%。

也许有人对“矶头”这个词很陌生，但是可能听说过“矶”，比如长江三大名矶：城陵矶、采石矶、燕子矶。矶头就是矶向江中突出明显的那部分。矶头一般是屹立江边的山体，登高远望，江天一色，波涛澎湃，景色优美。又因其地势险要，往往是古代重要的渡口和军事要塞，常常成为战场。

下游险峻的矶头和葱茏的江心洲，让浩荡江水在藕节状河道里，时而激越奔涌，时而舒缓流淌。仿佛是自觉身材越来越丰盈，不再需要大量水分补充，长江到安徽后，右岸支流均甚短小，唯青弋江和水阳江水系相对较大。青弋江发源于风景如画的黄山、九华山地区，水阳江发源于皖浙两省交界处的天目山北麓。这两条山溪性河流向北进入芜湖平原后，合而复分，互相串通，最后分别在芜湖市和当涂县一带汇入长江。青弋江和水阳江一带不但风光优美，而且还是著名的稻米产地，芜湖就是我国的四大米市之一。

流过了辽阔的中下游，循着东海的涛声，长江的万里行程即将到达终点。以太湖平原为主体的长江三角洲地区，为江海交汇之地，是长江入海之前形成的一片广阔的冲积平原，这里与江源地区一样河湖水网密布，而且密度更高，平均每平方千米土地上河网长度有 4.8—6.7 千米。这些纵横的河川、棋布的湖荡，浇灌出风吹稻花香两岸的丰饶土地，滋养出成百上千个富庶而美丽的水乡古镇，经营出沪、苏、浙、皖 4 省（市）41 个城市组成的现代化城市群，是我国经济发展最活跃、开放程度最高、创新能力最强的区域之一，在国家现代化建设大局和全方位开放格局中具有举足轻重的战略地位。

自江阴以下，是长江河口段。这段 200 千米的河道好似一个向东张口的喇叭般逐渐展宽，江面豁然开阔，为长江汇入大海做着最后的准备。

即将入海之际，已经在万里长途上吸纳了 3600 多条大小支流的长江，不忘带上其最后一条支流——黄浦江。“襟江负海”的黄浦江，在长江众多支流中，不是长度最长的、水量最大的，也不是流域面积最广的，却是长江水系中最富有、最繁华、最喧闹的一条支流。我国最大的现代化大都市——上海，就坐落在长江与黄浦江交汇处。

▲
长江滚滚东去

按照惯例，长江与黄浦江交汇口，应该叫“黄浦口”，但因此处是古吴淞江的入海口，故名“吴淞口”，这个名称一直没有更改，似乎在告诉人们这段古老的历史。吴淞口外，就是“极目皆水，水外唯天”的长江入海口。一块巨大的绿洲横卧在江海交汇之处，这便是我国第三大岛屿，被誉为“长江门户，东海瀛洲”的崇明岛。岛上地势平坦，土地肥沃，林木茂盛，物产富饶，是有名的鱼米之乡。

江海相会，水天一色。波澜壮阔的万里行程走到终点之际，长江轻轻吻别崇明岛，融入了浩瀚大海。

▲

汉江汇入长江口，两江交汇也构成了今日武汉三镇的格局

千百年来，长江以水为纽带，连接上下游、左右岸、干支流，带来灌溉之利、舟楫之便、鱼米之裕，滋养着中华民族世世代代繁荣兴盛。

生生不息

水是生命之源，河流是人类文明的血脉。

四大古文明均诞生在大河流域。

一次次石破天惊的考古发掘证实：长江流域是中华文明的发祥地之一——我们的祖先在长江两岸栽植了世界上最早的水稻，饲养了家畜，还建造了世界上最早的木结构房屋，编织了世界上最早的丝织品，甚至还修筑了宏大的城市及水利工程，形成了国家。

千百年来，长江以水为纽带，连接上下游、左右岸、干支流，带来灌溉之利、舟楫之便、鱼米之裕，滋养着中华民族世世代代繁荣兴盛。

啊，长江，生生不息的长江！

这充满活力的生命之江，以甘甜的乳汁、丰饶的物产，哺育着流域儿女，男耕女织、渔歌唱晚，在大江上下造就了一片片富饶的鱼米之乡；以博大的胸襟、温暖的怀抱，庇佑着天下游子，不分彼此、一江共饮，在大江南北筑起了一座座宁静的安栖之所，与滔滔黄河一起托举起辉煌灿烂的中华文明。

人猿揖别

1985 年 10 月，长江三峡漫山遍野的黄栌、乌桕等树的树叶被提前染红，峡巅谷底均被红霞笼罩，起伏的山峦如同披着红色鳞片的巨龙在飞舞，壮观的景色让人陶醉。

在红叶最为艳丽的巫峡段，一支扛着各色仪器和工具的科学考察队来不及欣赏峡江美景，行色匆匆地赶往一个叫“龙骨坡”的地方。这支由中国科学院古脊椎动物与古人类研究所研究员黄万波领衔的科考队，刚刚从一位长期挖掘“龙骨”（动物化石）做中药的乡村医生那里，获悉了一个重要线索：巫山县大庙镇龙坪村龙骨坡的一个洞穴里有大量龙骨。

果然不虚此行！科考队在龙骨坡上的洞穴堆积层里，发掘出一颗人类门齿和一段人类下颌骨，颌骨上带有两颗牙齿。从牙面磨蚀程度可以看出这些来自老年女性，姑且称之为“巫山母亲”吧。一年后，该队又在此处发掘出三颗门齿和一段带有两颗牙齿的下牙床化石，这些来自一位“巫山女孩”。

在前后多次考古发掘中，黄万波与同事们在发掘出“巫山母亲”和“巫山女孩”骨化石的同一层位，还发现了加工和使用过的石器工具，以及箭猪、剑齿象、犀牛、大熊猫等动物化石，这在世界古人类发掘史上是前所未有的。特别值得一提的是，他们在龙骨坡洞穴中发现了大量集中堆放的动物后腿骨化石，表明当时“巫山母亲”和“巫山女孩”所在的族群已经在使用工具狩猎，如今被视为国宝的大熊猫，则是这些远古人类的主要食物之一。

学术界将巫山龙骨坡发现的人骨化石定名为“直立人巫山亚种”，称之为“巫山人”。经过国内外有关科研机构的各种测试和研究，巫山人生活在204万—201万年前。

这是一个石破天惊的大发现！巫山人横空出世，不仅填补了我国早期人类化石的空白，也震惊了国际古人类学界。

我们是从哪里来的？从古到今，人类的起源都是人们最感兴趣也最具争议性的话题。一直以来，东方有女娲造人说，西方也有上帝造人说，直到19世纪英国科学家达尔文大胆地提出进化论，认为人是从猿进化而来的，才开启了科学探索人类起源的大门。此后经过一个多世纪的研究与争论，国际古人类学界普遍认为，现代人类起源于非洲，直立人在亚洲生活的时间最早不超过100万年。

但是，巫山人的出现表明，在遥远的过去，就有古人类在长江边过着使用石制工具狩猎的原始生活。这个事实彻底动摇了国际古人类学界“非洲起源”和“亚洲直立人不超过100万年”的论断。美国的《科学》杂志称：“巫山龙骨坡的新发现，将要改写人类演化的历史。”

无独有偶，发现巫山人10年后，中国科学院古脊椎动物与古人类研究所的一个野外考察队，在湖北建始县高坪镇麻札坪村一个山洞中，又发掘出三颗古人类牙齿化石。经检测和研究，这些牙齿化石距今215万—195万年，属于人类的早期成员，故这一远古人类被命名为“建始直立人”。

▲ 巫峡

值得注意的是，建始直立人与巫山人不仅生活在大致相同的年代，他们的发现地，也只相距 80 千米。这足以证明，在 200 万年前长江刚有雏形的时候，气候温暖的三峡地区，就是人类起源地之一。

直立人是人属的一个种类，是旧石器时代早期的人类，也是现代人的祖先。巫山人与建始直立人被接踵发现，为我国寻找人类起源提供了十分宝贵的资料，填补了我国人类发展史上从猿到人进化过程中直立人这一关键环节的空白，足以证明中国人的发展具有本土连续性，对于中国乃至东亚旧石器时代考古研究和探讨人类的起源，均具有十分重要的意义。

考古发掘的事实证明，距今 200 万年，人类就在长江流域实现了“人猿相揖别”。国际古人类学界因此也把关注的目光投向了中国，投向了长江。美国《奥秘》杂志刊文指出，到目前为止，三峡是世界上独一无二的研究人、猿分野的地域，即使是著名的非洲奥杜威峡谷也无法与三峡相比。因为，巨猿和巫山人、建始直立人共同生活在一起，足以说明在长江和三峡尚未形成之前，猿人及其祖先就栖息生存在那里。

长江流域地域广袤，气候湿润，水源充足，物产丰富，非常适合远古人类的生存与发展，是人类理想的繁衍生息之地。巫山人遗址的发掘者黄万波根据多年的研究提出，发生于中新世末、上新世初的喜马拉雅造山运动，改变了亚洲大陆上正在形成中的人类的活动半径及体质结构，而三峡所在的渝东鄂西正是寻找早期人类化石的理想地区之一。在一次次石破天惊的发掘中，曾被埋于洞中和地底的长江先民生活图景重见天日。一系列重大考古发现，更是充分证明了长江流域是中华民族古人类的起源和演化之地。

在距今 200 万—100 万年的旧石器时代早期，长江流域就是巫山人、建始人、元谋人、郧县人、和县人繁衍、生息和演化的一方胜地。其中，距今 170 万年的元谋人还懂得使用和保存火种，这应该是长江流域第一批懂得用火的人，也是目前已知世界上第一批用火的人。此外，远古人类还在长江流域创造了贵州黔西观音洞文化和湖北大冶石龙头文化，等等。

在旧石器时代中期，湖北长阳、安徽和县都有这一时期的古人类遗存发现。

在旧石器时代晚期，长江流域古人类分布已相当普遍，长江上中下游各省市都发现了古人类的足迹。从遗址所处的地理位置看，既有山区洞穴，又有丘陵岗地，还有平原湖区。这表明古人类已由山地走向平原，人类活动的范围大大扩展。

流淌在天地间的长江泽被万里，生生不息的江水年复一年地满足了人类生存发展的需要。在这里，长江先民们拿起粗糙实用的石器工具，奋力拉开了中华文明演进的第一道大幕；举起熊熊燃烧的自制火把，点亮了中华文明的第一缕曙光。

文明之源

水是生命之源。

自然而然，作为水之载体的河流，就成了人类文明的血脉。

自古以来，人类逐水而居、依水而兴。纵观历史，无论是我国的华夏文明，还是古埃及文明、古巴比伦文明、古印度文明等，无一不是在大江大河流域内孕育诞生，无一不是得益于水的滋养而发展壮大。长江与黄河，尼罗河、幼发拉底河与底格里斯河，印度河与恒河……这些纵横跌宕、波涛汹涌的江河在铸就民族性格和决定国家兴衰变迁中发挥着重要作用，成为各民族繁衍生息的摇篮和低吟浅唱的圣地。“水流到哪里，历史的刻石就标注在哪里”，因此它们才以“母亲河”而著称。

应该是上天的恩赐，在这些“母亲河”中，长江的自然地理条件最为优越。长江源头高耸的雪峰冰川和上游的横断山脉，牢牢挡住了来自太平洋的暖湿季风，将其“封印”在长江流域范围内循环，因而产生了充沛的降雨和地表水，加上充足的光照和积热，形成地球上少有的亚热带降雨丰富地段。充沛的淡水与丰富的热能，使长江流域非常有利于农业生产和人类生活，有利于文明产生和发展。

▲

长江两岸的城市风光

事实上，经过旧石器时代200万年漫长岁月的进化，到了约1万年前，勤劳聪慧的先民们已经开始在雨量充沛、气候温暖的长江两岸捕鱼打猎、栽种水稻、饲养牲畜、纺织丝麻，过上了自给自足的定居生活，拥有了不断壮大的聚落（人类各种形式的聚居地的总称），组建邦国，一部分人从农业生产中分离出来，烧制陶器、冶炼青铜、雕琢玉石、主持祭祀……为了抵御自然灾害和保卫劳动成果，先民们建造了巨大的水坝长堤，修筑了结实的城池宫殿。

城市的出现是人类社会进入文明时代的标志之一。在距今约5000年的新石器时代晚期，随着长江先民们聚居和其他生活场所的扩大及建筑技术的提高，长江中下游进入城市文明的崭新阶段，出现了数十座或大或小的城池，石家河古城、良渚古城是其中的重要代表。

石家河古城遗址位于湖北天门市石家河镇境内，1954年当地为兴修水利工程勘探时发现，1987年开始发掘，是长江中游新石器时代规模最大、保存最为完整、等级最高的都邑性城池。这座南北、东西各有1000多米，呈不规则长方形的古城，面积竟然高达

120 万平方米，以新石器时代至青铜时代聚落人口来换算，城内可居住 3 万—5 万人。古城防卫体系由城墙、城壕和外围台岗共同构成，现存城垣西边的壕沟宽 60—80 米，可以想象当时城高池深，具有良好的防御能力。修筑如此规模的城池，在当时绝对是庞大的工程，可见那时社会已具备很强的组织动员能力。

石家河古城内部有明显的功能分区，包括大型祭祀场所、专业制陶作坊、玉石器加工场所等。出土的磨光黑陶与蛋壳彩陶制作精美，表明陶器生产呈规模化、专业化；玉器更是技法精湛，普遍采用的圆雕、透雕、减地阳刻、浅浮雕线刻等工艺，代表了史前我国乃至东亚地区玉器加工工艺的最高水平；发现的铜器残片和铜绿石，是我国早期金属冶炼遗存之一。

在石家河古城的邻近区域，考古人员同时还发现了 6 座古城，有面积超过 20 万平方米的湖北石首市走马岭古城、湖北荆门市马家垸古城，也有一些 5 万—8 万平方米的小城。这些城池周围又分布着大大小小的聚落，其稠密程度与今天江汉平原上的城镇和村庄差不多。

远古先民们筑城时的号子声、手工作业时的敲打声、耕种时的吆喝声……虽然已随时光消散，但他们创建的文明遗迹被深埋地下数千年后，再次出现依然惊艳了世人。根据考古发掘的实证，学者们判断，石家河文化是四五千年前长江中游地区社会和文化发展的最高文明代表，当时的江汉 - 洞庭平原，以石家河古城为中心，逐渐形成了超级城市—大中型城市—小型城市—普通聚落的四级聚落等级体系。其中城市是贵族和祭司等神职人员的居住区，也是各类手工作坊、贸易市场、集会广场的所在地，平民因农业生产等居住于城市周围的小聚落，当洪水等自然灾害或战争来袭时，城市也成为平民的救生保护区。这说明当时的社会已是一个城乡有别、阶层不同、分工各异的金字塔结构的文明国家形态。

石家河文化的影响范围很大，以两湖平原为中心，东起大别山南麓，西至三峡地区，北达南阳盆地，南抵洞庭湖沿岸，以其鲜明的自身特征、兼容外向的文化品性，在区域间扮演了重要角色。石家河文化大约在 4300 年前达到鼎盛，曾一度强势外扩，与周边文化特别是中原文化频繁互动、交流互鉴，将稻作农业、磨光黑陶、城池营建等技术及观念传至黄河两岸，对中华文明产生了深远影响，成为中华文明起源的重要区域。

石家河古城是长江中游地区史前文明中心，良渚古城则是长江下游地区史前文明中心。

良渚古城遗址位于浙江省杭州市余杭区瓶窑镇内，虽然著名考古学家施昕更先生1936年就发现了良渚文化遗存，但良渚古城是直到70年后才被发现的。2006年6月，为保护良渚文化遗存，当地要将保护区内的农民外迁安置，在为他们选址新建住宅的过程中，为妥善起见，良渚遗址工作站的考古队依例对建屋点地下及周边地区进行勘探。

这次勘探得到了意想不到的收获。在一片稻田下，考古队发现了一条南北走向的古河道，内有许多良渚晚期的陶器碎片。随着发掘工作的深入开展，城墙出现了，内外壕沟出现了，祭坛出现了，宫殿出现了，外围水利工程出现了……一座始建于5300年前的古城呈现在世人面前。浙江省文物考古研究所发布的《杭州市余杭区良渚古城遗址2006—2007年的发掘》一文显示：良渚古城南北长1800—1900米、东西宽1500—1700米，总面积290余万平方米。其布局大致呈正南北方向，从保存较好的东南角看应为圆角长方形。城墙底部普遍铺垫石块，其上再用较纯净的黄色黏土堆筑而成，底部宽度多在40—60米。

这是长江下游第一次发现的这一时期的城市，也是同时代面积最大的古城，比400个现代足球场还要大。古城拥有我国最早的三重城市格局，最外面是面积约800万平方米的外郭，向内是由城墙包围的、近300万平方米的内城，再往中间才是约30万平方米的宫殿区。宫殿区所在的莫角山，是一处由人工堆筑而起的高地，其顶部又堆筑起三个近“品”字形排列的台基，堆筑高度由内而外逐次降低，显示出明显的等级差异，加上宫殿、城墙、外郭三重同心的布局，都城气象在这里已经崭露头角。可以说，这也是我国古代都城的宫城、王城、外郭三重结构之滥觞。

良渚古城是在一片浅水沼泽上拔地而起的，其兴旺与丰富的水系不无关系。粮食种植需要水源灌溉，手工业的技术交流和产品运输也需要水道交通。

为此，除了本身的河道，人们还在原本的水系基础上开挖了不少人工河道。古城外郭以内的河道，大多数都不是天然水道。而这些人工河道的长度，叠加起来已经有 3 万多米。古城中的百姓都是夹河而居，他们在沼泽上堆起高地，用石头堆砌起河岸，用竹子精心编织成优美的护岸。这种生活模式，如今仍然能在绍兴、乌镇、周庄找到踪迹。良渚古城，可能就是“江南水乡”的源头吧。

水系发达也会带来洪水灾害。良渚古城西北部分布着由 11 条水坝和长堤组成的宏大而完整的外围水利工程，其控制范围达 100 平方千米。这是我国迄今为止所发现的最早的大型水利工程体系，更是世界上最早、规模最大的防洪水坝系统。中华民族治水史的开端，也从 4000 年前的“大禹治水”提前到了 5000 多年前的“良渚文化”。

2019 年 7 月，良渚古城遗址被列入世界遗产名录，标志着中华民族 5000 年文明史的实证，被联合国教科文组织和国际主流学术界广泛认可。世界遗产委员会认为，良渚古城遗址展现了一个存在于中国新石器时代晚期的以稻作农业为经济支撑，并存在社会分化和统一信仰体系的早期区域性国家形态，印证了长江流域对中国文明起源的杰出贡献，符合世界遗产真实性和完整性要求。

岁月无声流逝，5000 多年前生活在石家河、良渚等地的先民们，早已湮没于历史尘埃中，但他们亲手缔造的一个个长江流域史前文明高峰，一直闪耀着绚丽的光辉，永远镌刻在中华文明的起源处。

青铜往事

1954 年，百年不遇的特大洪水席卷长江流域，中游重镇武汉被洪水围困近百天，人们在武汉北郊盘龙湖畔一个叫王家嘴的地方取土筑堤时，发现了一座青铜文明时代的古老城池——盘龙城。

这座大水冲出的惊世古城，夯土遗下的城基累累叠叠。经过1974年以来的历次大规模考古发掘，盘龙城遗址宏阔的城池、豪华的宫殿、专业的手工作坊，以及精美的青铜器、玉器、陶器等出土文物，穿越3500年的光阴重现世人面前。其中1989年10月发现的特大青铜圆鼎，高达85厘米，口径55厘米，重24.36千克，是迄今所见我国商代早期最大的铜圆鼎，其最薄之处壁厚仅为0.5厘米，铸造工艺在早商时期实属精湛。

盘龙城是长江流域发现的第一个大规模青铜文明遗址，此后，在长江上游成都平原又发现了被誉为“比秦代兵马俑更不同凡响的青铜文明”的三星堆遗址，在赣江和湘江流域也发现了吴城等青铜文明遗址。

青铜器的出现是人类社会进入文明社会的标志之一。我国历史上的青铜文明时代，贯穿夏、商、周三代，直至秦汉。青铜时代，长江流域已显露繁荣，特别是巴蜀文化、荆楚文化、吴越文化这三朵大放异彩的区域文化之花，对长江文明乃至中华文明产生了巨大影响。其中楚国在春秋战国之际的崛起，更是长江文明史上的一座里程碑，在中华文明史上也有举足轻重的意义。

从“筚路蓝缕”到“问鼎中原”，这两个因楚国而产生的成语，就是楚国跌宕起伏、波澜壮阔的立国、发展、崛起过程的见证。

商末周初，来自长江流域的楚部落在首领鬻熊的率领下，追随周武王伐纣。但直至周成王亲政后，才赐给鬻熊的四世孙熊绎一个封地不超过五十里的子爵爵位，熊绎于丹阳（位于汉江支流丹江下游，在今河南省淅川县境内）建立楚国政权。楚国立国之艰辛，在《左传·昭公二十年》中有明确记载：“昔我先王熊绎，辟在荆山。筚路蓝缕，以处草莽；跋涉山林，以事天子。”“筚路”是用荆条编成的柴车，“蓝缕”是破旧的衣服。也就是说，作为一国之君的熊绎穿着破烂的衣裳，拉着用荆条编成的柴车，带领族人开垦荒山、辛勤耕作，还要在崎岖的山路中往返跋涉，为周天子效力。

富有进取精神的楚人，在胸怀“王不加位，我自尊耳”抱负的国君带领下，于春秋战国的大争之世里，奋力开拓，参与群雄逐鹿，走上扩张之路，南下吞并江汉、湖湘，西出进击云贵、巴蜀，东扩占据吴越之地，从原本的蛮夷小邦一跃成为雄跨江、汉、淮三江之地的泱泱大国，两度饮马黄河，强势问鼎中原，跻身“春秋五霸”“战国七雄”之列。鼎盛时期的楚国疆域包括今湖北、湖南、江西、安徽、江苏、浙江 6 省全部，以及陕西、河南、山东、广东、广西、四川、重庆、贵州、云南等省（自治区、直辖市）的部分区域，几乎囊括大半个中国，是当时地域最广阔、实力最雄厚的诸侯国，有“地方五千里，带甲百万，车千乘，骑万匹，粟支十年”之煊赫声势。这也为后来秦汉建立大一统国家奠定了基础，为多元一体的中华文明历史进程做出了重大贡献。

楚国的崛起，除了融入楚人血液的筚路蓝缕精神，当然更得益于滚滚长江的滋养。

人类的生产与发展，离不开经济活动，而人类的经济活动，一直与河流密切相关。在农耕社会，长江流域纵横交错的水系，为农作物栽培种植提供了充足的灌溉水源，为商贸往来和文化交流提供了便捷的水运交通。雄踞长江南北的楚国，既拥有丰富的矿藏物产，又具备发达的运输水网，还有人才辈出的能工巧匠，焉能不兴？

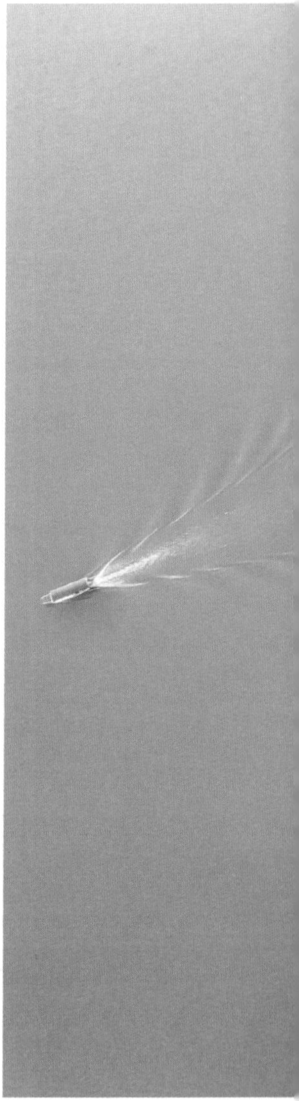

比如铜器的生产。楚国据有包括当时天下最大的铜矿——铜绿山（位于今湖北省大冶市）在内的十几座铜矿，背靠优质资源，从采掘、冶炼到锻造、焊接各个环节，在春秋中晚期便已全面超越吴越，也超越了中原，居列国之首。著名的曾侯乙墓中出土了 4640 余件青铜礼器、乐器、兵器、车马器，重达 10 吨之巨，消耗铜、金、锡、铅等金属约 12 吨。这些青铜器物造型之复杂、纹饰装潢之精美，世所罕见。通过现代科学鉴定，这些器物综合使用了浑铸、分铸、锡焊、铜焊、雕刻、镶嵌、铆接及熔模铸造技术。这当中最令世界惊艳的，并不是编钟，而是一件青铜尊盘，尊与盘的口沿均饰以蟠虺透空花纹，玲珑剔透、层次分明。该尊盘为失蜡法铸造，它是我国目前发现的

▲
武汉东湖

最早采用失蜡法的青铜铸件，铸造工艺达到先秦青铜器制作技术的最高峰，反映了中国古代科技的杰出成就。

“楚地千里，饮马黄河，问鼎中原”的霸业，也将原本只是边缘文化的楚文化推向辉煌和极致，使其发展成为华夏主流文化之一。在楚国800余年的历史中，楚人创造了绚烂多彩的荆楚地域文化，不仅青铜冶炼和铸造水平居于领先，丝织刺绣技术也后来居上，还有木竹漆器流光溢彩、老庄哲学独树一帜、屈子文学独领风骚、编钟音律动人心弦、荆楚成语鲜明生动……楚文化不仅与中原文化比肩而立，竞趋争先，而且很多方面可与同时期的古希腊文化媲美。当时楚国的青铜冶炼、锻造工艺及漆器制作，都早于希腊而处于世界领先地位，楚人的土木技术也达到了当时世界建筑艺术的最高水平，其他如数学、天文、历法、医学等，也都走在当时世界的前列。

灵动奔放的长江，赋予楚人浪漫的气质和张扬的想象力。以楚文化为代表的长江文明，在与黄河文明同台争辉中，互相影响，逐渐融合，促进中华文明进一步发展。

一江共饮

唐天宝十四载（755年）岁末，一场蓄谋已久的叛乱直指长安。安禄山、史思明指挥叛军“渔阳鼙鼓动地来”，“惊破霓裳羽衣曲”，唐玄宗李隆基仓皇南逃至四川。

在这场被称为“安史之乱”的事件中，大唐盛世迅速衰落，随后绵延百年的内乱外患，让黄河流域一次次沦为战场，“人烟断绝，千里萧条”。为逃离战火，中原的豪门望族和平民百姓大举南迁避乱至长江流域。被裹挟在人群中的李白不禁忧伤长叹：“三川北虏乱如麻，四海南奔似永嘉。”

安史之乱引发了持续一个世纪的动荡，约有250万中原人口向长江流域迁徙，形成我国第二次人口南迁的浪潮。而第一次，就是李白诗中“永嘉”

所指代的西晋“永嘉之乱”。

政治腐败导致的“八王之乱”，使西晋朝廷权威尽丧，匈奴贵族刘渊趁机建立分裂政权“汉”。永嘉五年（311年），匈奴武装攻破西晋首都洛阳，俘虏晋怀帝司马炽，在中原地区大肆杀戮，史称“永嘉之乱”，西晋政权随之灭亡。一支以宗室门阀和衣冠士族为首的逃亡大军浩浩荡荡向南奔去，《晋书·王导传》称“中州士女避乱江左者十之六七”。此次大规模南迁一直持续至南北朝时期，共有近百万人口到江南定居，当时流传的歌谣“永嘉世，九州空，余吴土，盛且丰”，反映了人们对江南的向往与认同。

历史总是惊人的相似！北宋靖康二年（1127年），金国攻破北宋首都东京汴梁（今河南省开封市），掳走包括宋徽宗、宋钦宗父子二帝在内的几乎整个皇族，以及朝臣、后宫、匠人3000余人，北宋政权灭亡，史称“靖康之变”。宋徽宗第九子康王赵构称帝后迁都临安（今浙江省杭州市），开启南宋政权，大批皇族、军队、官僚、士大夫等人也成规模地迁至江南地区，形成我国由北往南的第三次移民潮。《宋史·食货志》称“高宗南渡，民之从者如归市”，前后有150万至200万人迁徙到南方，临安因此很快就发展为一个百万人口的大城市。

从西晋的永嘉之乱，到唐代的安史之乱，再到北宋的靖康之变，历史在一次又一次重演——每当中原地区遭受刀兵战祸、生灵涂炭之际，长江都会张开强健宽厚的臂膀，将南下避乱的人们揽入博大温暖的胸怀。

其实长江自古就有接纳与包容的传统。春秋战国时期，楚国在扩张过程中兼并了周围那么多中小国家后，其民族政策也是比较开明的。当时，中原诸国的政策是“兼人之国，堕其城郭，焚其钟鼓，布其资财，散其子女，裂其土地”，可谓相当残忍。楚国的政策却是“兼人之国，修其四廓，处其廊庙，听其钟鼓，利其资财，妻其子女”，即使对少数民族，也不例外。

这种开放的胸襟、开明的气度，进一步促进了南北经济文化的交流和融合。一旦中原大地受到战火的冲击，长江流域不仅是人们的缓冲地带，而且为他们提供了休养生息的物质基础，让他们在这相对安稳的庇护之地扎下根来，生儿育女，开枝散叶，开创新生活。

“我住长江头，君住长江尾。日日思君不见君，共饮长江水”。这是北宋词人李之仪在家人相继离世、自己又遭贬谪的人生至暗时刻，写给身边不离不弃的红颜知己杨姝的爱情辞章。虽然作者当年表达的是真挚的爱情，但今天用来描述在长江流域生活的人民，也并不违和。

2021 年 5 月公布的第七次全国人口普查结果显示，我国总人口约为 14.4 亿，其中有 5 亿多人生活在长江流域，也就是说，我国有超过 1/3 的人在“共饮长江水”。

共饮一江水的人们，天然与水亲近，自然洋溢着人与大江共生共存的富足感。浩荡江水塑造了江边人豁达疏朗的性情，在大江上下，一年四季都有人在江边戏水、观水，在江中游泳，其中的欢乐只有江边人才能体会。这份幸福快乐正是生生不息的长江所恩赐。

正如《长江之歌》所唱的那样：“我们赞美长江，你是无穷的源泉；我们依恋长江，你有母亲的情怀。”

◂ 黄昏下的武汉

数千年来，依托发达的水上交通，大江上下演绎了一幕幕经贸往来、文化交流的繁华景象。

舟楫之便

▲
黄金水道

奔腾长江，水道纵横，自古就便于行船。

远古先民刳木为舟，到中流击水，是为长江舟楫之便的肇始。其后伴随社会进步，生产力发展，“南船北马”成为古代交通运输的两大方式，而水量充沛且终年不冻、承东启西又接南纳北的长江，堪称国家交通大动脉，是名副其实的黄金水道。

数千年来，依托发达的水上交通，大江上下演绎了一幕幕经贸往来、文化交流的繁华景象。杜甫在夔州江边看到“蜀麻吴盐自古通，万斛之舟行若风”，李白在江夏与友人感叹“万舸此中来，连帆过扬州”，均为长江水运兴盛的生动写照。

百舸争流，千帆竞发；舳舻相接，通江达海。如今，以长江黄金水道为骨架，公路、铁路、航空和桥梁等为骨干形成的综合立体互联互通的交通网络，正为长江经济带高质量发展提供坚实支撑。

百舸争流

唐代宗广德元年（763 年）春，杜甫正在蜀中寓居，听闻官军打败叛军收复了“河南河北”失地，虽然时年已 51 岁，但历时 8 年的安史之乱被平定，依然让他欣喜若狂、手舞足蹈，并马上就盘算好了回家的路线：“即从巴峡穿巫峡，便下襄阳向洛阳。”

虽然这位饱受离乱之苦的伟大“诗圣”，终其一生都未能走上这条北归之路，但他在诗中规划的这条路线，反映出长江水路在当时已是一条快捷通达四方的坦途，即使是从西南的成都去往北方的洛阳，也可先顺江而下到襄阳，再从汉江北上返回中原。

江宽水阔好行船。

长江横贯西东、沟通南北，自古就是我国最重要的水上交通运输线。

早在七八千年前，长江先民就已“刳木为舟，剡木为楫”，成为荡舟弄潮的先驱。他们剖开并掏空大原木，制作成独木小舟浮于水中，然后攀附其上，或顺水向前，或逆流奋楫，通过“舟楫之利”，“以济不通”，在沼泽密布、森林茂盛、山岭起伏的江南卑湿之地，构建了顺畅的水运网络。

这是有考古实证的。位于浙江省杭州市萧山区的跨湖桥遗址，出土过一艘在整棵马尾松上用火焦法挖凿而成的独木舟，经碳 -14 测定其时代距今 8200—7600 年。距此不远的河姆渡遗址（位于浙江省余姚市）也发现了距今 7000 年的船桨，而且是做工精细的雕花柄叶连体桨，一共出土 7 支。到了距今 5300—4400 年的良渚文化时期，人们已能熟练地驾船在各个大小聚落之间穿梭往来。

至青铜文明时代，体积更大、结构更为稳固的木板船出现了，人们驾着船，载运各种物资甚至是军队，从小河来到大江之上。

商王朝之所以将盘龙城建为南土行都，很大程度上就是此处的舟楫之便。盘龙城正好处在古云梦泽的东缘，河湖水泽网络密布，特别是盘龙湖与流经此地的汉江相通，给“南铜北输”提供了得天独厚的优越条件。长江中下游优质的铜料等战略物资，稻米、陶器等生活物资，都是通过木板船运送到盘龙城集中后再中转北送。城中的军政商贾，北上可通过汉江及其支流，越过大别山、桐柏山的隘口直达位于中原的商王朝首都；向南进入长江后，顺江而东可进入鄱阳湖水系，溯江往西可经荆州走向鄂西，往南可穿越洞庭湖直下湘桂，真可谓四通八达。

周王朝兴起后，汉江－长江水运通道依然是周王室掌控铜矿战略资源的触手，铜绿山（位于今湖北省大冶市）、铜岭（位于今江西省瑞昌市）等地的铜矿开采后，溯长江而上经由汉江运输到西周国都镐京（位于今陕西省西安市长安区）。

到了春秋战国时期，长江干支流的水运开发利用范围已相当广泛。楚国贵族鄂君启手持楚王颁发的青铜符节，在长江干流、洞庭湖水系、汉江水系上转运物资，开展商贸活动，最远处可沿汉江上溯到南阳盆地，其舰队一次共有几百艘，足见当时长江流域水运之发达。这一时期列国争雄，兼并战争激烈而频繁，发达的水运也被应用到军事斗争中。中原诸国驱长车在辽阔的原野对垒，南方诸国则驾战船在交错的江河上列阵，楚、吴、越等国“以舟为车、以楫为马”，拉开了将长江“舟楫之便”应用于军事的序幕。此后2000多年里，水深江阔的长江中下游到底发生过多少次水战，已无法统计，但东汉末年的赤壁之战和元末的鄱阳湖大战等著名水战，至今仍为人们津津乐道。

江上水战，促进了船舶制造技术的进步。南北朝时，造船业取得突破性进展，长江流域开始大规模航运。史载南朝宋孝武帝刘骏自都城建康（今江苏省南京市）溯江西巡，“龙舟翔凤以下，三千四十五艘。舟航之盛，三代二京无比”。

长江，战时用于军事，和平时便用于民运与商贸，促进国家经济发展。秦汉开始的大一统王朝更看重这一点。西汉初建，政治中心在西北的关中地区，赋税粮食则主要依赖于黄河中下游地区。将粮食运输到首都长安，溯黄河而上会遭遇三门峡的巨大落差，陆路运输又损耗颇大。因此有人提议利用长江－汉江水道，先从淮泗水系南下进入长江，再回溯长江进入汉江，最终从汉中将粮食转运到长安。利用长江干支流与各地区相互联通的水系，实现高效安全的粮食长途运输，这一提议也就成为汉王朝漕粮运输采用的方法。

水运是古代唯一能进行长途大宗运输的交通手段。秦汉以降，长江及其支流嘉陵江、汉江、洞庭湖水系、鄱阳湖水系、太湖水系组成的水运网，成为贯通东西、连接南北的货物运输大通道，更把内陆与海上丝绸之路连接起来。沿岸城镇的货物通过长江出海后，销往今天的印度、日本、朝鲜、东南亚各国及部分阿拉伯国家，长江是不折不扣的黄金水道。

随着隋代大运河开通，以及唐宋以后江南成为国家财赋之源，长江流域的粮食、丝织品及其他各种物资，通过长江黄金水道和大运河源源不断地运往长安、开封、洛阳、北京等地，运输船队甚至形成了“舳舻相接，二百余里”的盛况，以长江干流为中枢的运输网络基本成熟。历代王朝也以这张水运网为基底，通过长江干支流的延伸，串联起了北方与南方区域间的交流，从而实现了对全国的有效掌控。

长江成为朝廷漕粮运输主通道，还带动了长江沿线和周边地区的经济交流与联系。安史之乱后，经济重心转移到南方，长江黄金水道不仅将重要产粮地与大城市连在一起，而且促进了各大城市之间的经济文化交流，号称天下最繁华的扬（扬州）、益（成都）两州，常有“弘舸巨舰，千舳万艘，交贸往还”，运送粮、盐、丝、茶。陆游在《入蜀记》中记述：“贾船客舫，不可胜计，衔尾不绝者数里。”

橹声摇月，帆影随风。到明清之际，长江中游地区人口激增，土地开发迅速推进，农业垦殖和物产开采进入新时代，开始为国内市场提供大量粮食、木材、矿产等物资，也为边境和国际贸易提供茶叶等产品，长江水运更加兴盛，汉口、九江、芜湖等港口，因物资转运和商人聚集而发展成繁华城市。

明代嘉靖年间兴起的汉口，因水运便捷，不仅聚集了来自四川、湖南、安徽、江西等地的商人，也吸引了陕西、山西等地的商人前来经营。汉口港商船汇集，泊船常在千艘以上，由此形成盐、典当、米、木材、棉布、药材六大行业，沿江上下 20 里以内，店铺林立、货物山积，呈现出“十里帆樯依市立，万家灯火彻夜明”的盛况。到清代，汉口已发展为我国内河航运最大的港口城市，全国各地的商船、粮船在此汇集，然后分发中转，码头上的船只密密麻麻，一眼望不到头。乾隆年间发生在汉口码头的一次火灾，大火足足烧了两天，100 多艘粮船、3000 多艘商船化为灰烬。

晚清朝廷被迫与帝国主义列强签订一系列不平等条约后，长江沿线布满了通商口岸，一艘艘冒着黑烟的蒸汽轮船驶进吴淞口，从上海溯长江而上，最远可到达重庆。为防止外国势力沿长江攫取更大的政治经济利益，张之洞等有识之士通过自开商埠以维护主权、发展经贸。长江干流各大口岸的通商，促进了水运物流的发展，一艘轮船从上海出发，只需 3 天即可抵达汉口，而木船需要 20 天。在轮船的带动下，长江成为中国步

▲

当年李白高吟“天门中断楚江开”处已是百舸争流

入近代社会的快速通道。

新中国成立后，长江航运事业进一步发展，在全国内河航运领域占据举足轻重的地位。如今的长江黄金水道依然繁忙，上行下行船队密布江面，各色货轮客船来来往往，一派百舸争流、千帆竞渡的壮观画面。

从刳木为舟到百舸争流，数千年的时光里，涛声依旧的长江上，轮船变得越来越先进，而永远不变的是滚滚江水所承载的舟楫之便。

千里通波

尽道隋亡为此河，至今千里赖通波。

若无水殿龙舟事，共禹论功不较多。

这是唐代诗人皮日休写的《汴河怀古》第二首，汴河即通济渠，是隋唐大运河的中段。看到大运河流淌不息，南北舟楫畅通无阻，皮日休认为，如果没有修龙舟巡幸江都一事，隋炀帝的功绩可以和大禹平分秋色。

大运河作为我国古代南北交通大动脉，可以说是世界上最伟大的运河，开通大运河的确可以与大禹治水相提并论。不过，皮日休要将这彪炳千秋的功绩算在隋炀帝杨广头上，却失之偏颇，一则大运河早在春秋时期就已开凿，二则隋代大运河的建设主体是千千万万的老百姓，非隋一代之功，更非杨广个人之功。

我国是最早建设人工运河的国家。

舟楫之便，让人们渴望从这一条河流通往举目可见的另一条河流，于是连通不同水系的“捷径”——人工运河应运而生。人工运河，一方面可缩短航程，提高运输效率；另一方面则可以避开天然河道中的险滩急湾，提高运输安全性。

春秋时期，长江流域主要诸侯国楚、吴、越之间正展开一段波澜壮阔的争霸故事。为提高运输效率，更好地服务于军事征伐，三国纷纷在所控制的区域内开凿运河，沟通自然水系，其中较为著名的有楚国的云梦通渠和吴国的邗沟。

楚国早中期的核心区域主要在长江与汉江之间，这里也是古云梦泽所在地，湖泊星罗棋布，河渠纵横交错。为方便作战和运输，楚国令尹孙叔敖在公元前601年主持修建了云梦通渠，这也是我国最早的人工运河。从此，楚国军队和粮船可从郢都（春秋时楚国都城，位于今湖北省江陵县）直抵汉江中游，使两江的往来交通不必绕道至汉江汇入长江口（位于今湖北省武汉市）。因这条“捷径”带来的舟楫之利，楚国国运兴盛，有了北上中原争霸的底气。公元前597年，一鸣惊人的楚庄王率精锐之师，从云梦通渠入汉江北上，饮马黄河，击败中原诸侯盟主晋国，成就楚国霸业。

无独有偶，吴国在春秋末期修建邗沟，同样是为了北上争霸。为解决北上伐齐军粮和辎重的运输问题，吴王夫差于公元前486年下令开凿邗沟，利用长江与淮河之间密布的天然河湖港汊，就地度量，局部开挖，用人工河道串联高邮湖、博芝湖、射阳湖、白马湖等自然湖泊，从而贯通了长江与淮河。

邗沟作为大运河之滥觞，其历史地位直到1000多年后才显现。

公元605年正月初一，继位不到半年的隋朝第二代皇帝杨广改年号为“大业”，毫不犹豫地向全天下昭告其欲“成就千秋功业”的远大志向。杨广“大业”的第一个项目就是一个大工程：修建大运河，连通南北水系。

若说杨广下令修筑大运河，纯粹是为了满足个人私欲，方便去江南游山玩水，那倒是有些冤枉他了。加强隋王朝对全国的统治，才是杨广急欲开通大运河的真正目的。历经魏晋南北朝期间数百年的衣冠南渡，长江流域已被开发成经济发达区域，是朝廷钱粮赋税的重要来源。如何连通南北、消弭差距，把江南的钱粮快速高效地转运到北方统治中心，是实现全国统一的隋王朝必须解决的问题。大运河就在这个政治背景下应运而生了。

从大业元年至大业六年（605—610年），只用了6年时间，长度超过2000千米的大运河就建成贯通了，它将海河、黄河、淮河、长江、钱塘江五大水系连为一体。隋代大运河以东都洛阳为中心，分为南北两个系统，南运河是洛阳东南方向的通济渠、邗沟、江南运河，连接江都（今扬州）、余杭（今杭州）；北运河为永济渠，直达涿郡（今北京）。据文献记载，这四段运河耗费人力共计300多万，“丁男不供，始以妇人从役”，运河所经之地几乎是男女老少齐上阵，日夜赶工，等于全民就役。大运河的修建是历

▲
无锡大运河

史发展的必然，但如此不惜民力，6 年时间驱使 300 余万人凿通数千里运河，是当时民众不可承受之重，这也埋下了隋朝二世而亡的祸根。

隋代大运河贯通后，立即成为我国古代最重要的南北交通主通道，“半天下之财赋，悉由此路而进”，是不折不扣的历代王朝之黄金线和生命线，散发着农耕文明特有的气息，为保持南北统一以及经济文化的交流发挥了重大作用。

运河舟楫穿行，往来如风。隋之后，李唐王朝缔造的大唐盛世，达到了我国封建社会发展的巅峰，在很大程度上也可以说是得大运河之利。长江流域的钱粮、物产，通过发达的水运网络汇集到扬州，再通过扬州转运到洛阳和长安。《新唐书 · 食货志》载：“唐都长安，而关中号称沃野，然其土地狭，所处不足以给京师、备水旱，故常转漕东南之粟。”正是依靠大运河“常转漕东南之粟”，唐朝才能“北通涿郡之渔商，南运江都之转输”，所以皮日休亦有言“在唐之民不胜其利也”。

到了宋代，全国经济重心南移已经完成，形成了“国家财赋，仰给东南”的局面，长江和大运河成了北宋朝廷维持政权的生命线。北宋初年，江淮及南北运河的漕粮年运量都在600万石以上，宋真宗、宋仁宗时竟达 800 万石，创下了历代漕运的纪录。

元代定都大都（今北京）后，为了缩短漕粮北运的距离，将原来以洛阳为中心的隋代大运河进行了裁弯取直改造，修建了从大都到临清的通惠河、济州河、会通河，形成一条北起大都、南至杭州的纵向大运河，比绕道洛阳的隋唐大运河缩短了 900 多千米。

明清两代，随着商品经济的发展，南北物资交流的需求大增，漕运也带动了运河沿岸商业活动的发展，南方的丝绸、茶叶、糖、竹、木、漆、陶瓷等源源不断运往北方，北方的松木、皮货、煤炭等也由运河南下。大运河虽为漕运所开，但随着时代变迁也逐渐成为商运之河、民运之河。

大运河在历史上虽然几经翻修和变迁，其沟通南北的功能却一直未曾变更。从南往北，大运河沿途连接村落、串起城镇，促进了沿岸大批城市的崛起和商业的繁荣。杭州、嘉兴、苏州、无锡、常州、镇江、扬州、淮阴、徐州、济宁、聊城、临清、德州、天津、北京，都是历史上著名的商业都会。特别是扬州，自隋唐至明清，一直是我国最繁华富庶的城市。是故，“烟花三月下扬州”，一直是历代文人骚客圈中最流行的行为，有如当今“网红打卡”一般。

桨声帆影中，大运河历经了2500多年的沧桑风雨，至今仍在使用，使北国与江南相连，让历史与现实相通，如同一部流淌的民族史诗。

2014年，第38届世界遗产大会宣布，中国大运河项目成功入选世界文化遗产名录，被誉为“活着的、流动着的文化遗产”。

水上高速

重庆唐家沱码头，滚装船满载新下线的长安福特轿车，准备运往下游。

早在2001年，福特汽车和长安汽车就在重庆成立了合资公司。福特选择重庆的一个重要原因，就是数年后三峡工程蓄水将川江航运条件显著提升后带来的交通便利。

不同于江宽水阔好行船的中下游航道，曾经的川江航道，因流经丘陵和高山峡谷地区，落差达120米，航深和航宽不足，拖载能力低，运输成本高，而且影响航行安全，使长江航运优势未能很好发挥。特别是三峡一段，有“西陵峡中行节稠，滩滩都是鬼见愁”之说，以滩浅、礁多、水急而著称，“夜不能航”。即使是白天，船只逆流而上，也必须依赖外部的牵引力渡过这些激流险滩。而纤夫，就是这些航船的动力。

曾经，当人们想起长江航运，三峡纤夫精瘦的身体与地面平行的姿势以及粗壮的纤绳几乎成为标志性影像。每当逆水行船或遇上险滩恶水时，全靠纤夫合力拉纤，一声声船工号子在空谷回荡。千百年来，代代纤夫走着同一条纤夫路，根根纤绳摩擦着相同的纤夫石，日积月累，勒出了一道道深深的纤痕。一块块纤夫石，便是三峡纤夫血泪和川江水运艰险的见证。

然而，相比于“蜀道之难，难于上青天”的陆路，不管川江航道多么艰险，它始终是一条沟通巴蜀与东中部的便捷水道。在相当长的时间内，青藏、巴蜀、云贵的物产，都要借它进入长江中下游的经济发达地区，并漂洋出海。长江中下游的物产，也要借它进入大西南的广阔市场。

而在川江现代航运史上，有一个中国人的名字不应该被遗忘，他就是民生公司的创始人卢作孚。1925 年，民生公司的第一艘轮船驶入川江，经过 10 年奋斗，民生公司成为长江流域实力最强的民营航运企业。1938 年 10 月 25 日武汉沦陷，3 万名人员和 9 万件器材压在宜昌，卢作孚指挥民生公司日夜运输，把中国重工业的宝贵器材抢运到重庆。这次持续 40 天的战时运输，被称为中国实业上的“敦刻尔克大撤退”。

新中国成立后，有关部门对川江航道进行了大规模整治。1959 年，著名的滟滪堆被人工爆破，沉入江中。然而，靠炸礁除滩来维持通航，并未彻底改善川江的航运条件。

1981 年，葛洲坝开始下闸蓄水，巴东官渡口以下 100 多千米的水位抬高，流速减缓，西陵峡三大滩险（泄滩、青滩、崆岭滩）全部被淹没，西陵峡航道条件得到较大改善。

此时的川江，上行宜昌至重庆段，只能通过 1000 吨级船舶；下行重庆至宜昌段，也只可通过最高 1500 吨级船舶或 1000 吨驳船组成的 3000 吨级船队。川江的年运输量只有 1000 万吨，运输成本比中游高一倍以上，油耗高一倍以上，单位马力载货量仅为中游的 1/3。

2003 年 6 月 1 日，随着三峡大坝 20 号导流底孔的闸门徐徐关闭，工程拦蓄江水的作用开始正式发挥。6 月 10 日，坝前水位达到 135 米高程。

短短 10 天，长江三峡段实现了由江到湖的巨变；短短 10 天，创造了 2000 多年川江航运不曾有过的奇迹——三峡水库回水长达 500 千米，到达重庆涪陵。川江上，丰都以下的险滩已全部被江水淹没，仅有的两处禁止夜

航的河段也被撤销。

“自古川江不夜航”的历史，就此宣告结束。

由此，3000吨的轮船或者万吨级的船队已经可以从上海直达重庆，川江单向年运输能力从1000万吨提高到近5000万吨。库区船舶单位马力拖带量提高了一倍多，船舶单位平均能耗降低了20%，有效地降低了船舶运输成本。

坝前水位不断上升，进一步改善了川江航道，也继续向上游的重庆延伸。2006年10月27日，三峡大坝全线到顶5个月后，水库成功蓄水至156米高程。库区的回水从丰都延伸至重庆的铜锣峡。包括蚕背梁在内的川江最后几处碍航礁石滩险，从此永沉江底。

4年后的2010年10月26日，三峡工程首次蓄水至175米高程，水库回水末端到达重庆市主城区，涪陵以下“窄、弯、浅、险”的自然航行条件得到根本改善，宜昌至重庆660千米河段的航道等级从3级升级为1级。原来滩险水急的川江航道就此步入百舸争流的航运新时代，实现了全年全

▲
长江航道

线昼夜通航，显现出一派繁荣的景象。

川江航道改善，带来的是航运能力“水涨船高”。

如今，万吨级船队不仅可直达重庆朝天门，而且船舶的运行周期大大缩短，宜昌至重庆的深水航道，成为水上“高速公路”。以往航道“上行走缓流，下行走主流”的航行方式变为高速公路式的分边航行，航行时间可节省6至8个小时，大大提高了航运效能。

三峡工程2011年过闸货运量首次突破1亿吨，提前19年达到船闸设计水平年2030年的规划货运量，这是航运效能大幅提升的有力证明。截至2020年8月底，三峡累计过闸货运量14.83亿吨。

川江航道的改善，也有效保障了航运安全。2003年以前，川江航道平均每年有57起事故，造成85人死亡、1100多万元经济损失，每12个月发生一次10人以上死亡事故；2003年三峡蓄水成库后，平均每年发生事故降至13起，10人以上死亡事故未出现一起，安全形势持续好转。

借助水运优势，一大批新兴产业纷纷落户上游沿江城市，并带动这些城市飞速发展。万州、涪陵、长寿等地成为东部产业的西部承接地，正在加速崛起；巫山、奉节等地正借助三峡水库形成新的自然景观，积极打造旅游产业，已经探索出一条环保绿色的发展之路。

受益的不只是上游航道。以往每年 10 月汛期过后，长江由丰水期转入枯水期，航道水深不足，严重时会导致轮船搁浅、堵航，甚至停航。如今，通过科学调度三峡工程，增大下泄流量，对中下游航道适度补水，增加航道水深，枯水季节也能行大船了。

毫无疑问，正是三峡工程运行后对长江上游航道的改善，才使得川江航道由天堑变为“水上高速”，长江“黄金水道”才真正做到了名副其实。

黄金水道

长江南京段，水深江阔，浪花翻涌。一艘艘巨轮满载各色集装箱，上下穿梭，往来不断。

这一派繁忙景象，正是长江黄金水道释放的“黄金”效益。南京至长江出海口 431 千米的 12.5 米深水航道在 2018 年 5 月全线贯通后，5 万吨级海轮可直达南京港，10 万吨级海轮也可减载抵达，而 20 万吨级海轮可减载乘潮到达江阴。

长江南京以下航段是长江主航道中船舶通过量最大、经济效益最显著的航段，也是我国内河水运最繁忙的区域，年运量 16 亿吨以上。此前航道在 10.5 米水深时，只能满足 3 万吨级海轮满载通航，5 万吨级以上大型海轮需大量减载、亏载运输。12.5 米深水航道开通后，最直接的效果就是航道通航条件改善，5 万吨级以上海轮航道可深入长江 400 多千米，从而带来大型海轮吃水增加、实载率提高和航运成本下降，5 万至 7 万吨级船型实载率提升近 25%，10 万至 20 万吨级提升近 20%，运输成本大幅降低。据测算，5 万吨级以上进江海轮每多装载 1 万吨货物，可大致节约运输成本 23.3 万元。

长江水系庞大、水量充足，终年不冻，干流横贯东西，是沟通华东、华中和西南的交通主动脉，干流通航里程 2800 余千米，上起云南水富港，下至上海入海口。主要支流辐辏于秦岭与南岭之间，3600 多条大小支流中，全年保持一定航深的通航河流有 700 余条。支流航道与干流航道呈纵向连接，构成了纵贯流域南北的重要水运线，再加上京杭大运河的江南段（江南运河），以及洞庭湖、鄱阳湖、巢湖、太湖四大湖泊的湖区航道，相互交织，组成了以长江干流为主干，大支流、大运河为支干的全国乃至全世界最大的内河航运网，全流域总通航里程 7 万余千米，占全国内河总通航里程的 70% 以上。

长江航运以其密集的干支流水运网络，连接着上中下游地区的中心城市及众多中小城镇，通江达海，沟通主要资源地和消耗地，是长江流域综合交通体系的主骨架。在沿江地区各种运输方式中，具有运能大、成本低、能耗小、污染少等优势的长江航运，货运量一直稳居首位，承担了沿江地区 85% 的煤炭、铁矿石以及中上游地区 90% 的外贸货运量。

进入 21 世纪，随着长江沿岸经济的快速发展，长江航运快速崛起，货运量、周转量和港口吞吐量迅速增长。2005 年，长江干线货运量达到 7.95 亿吨，首次跃居世界首位；2008 年，长江干线货运量突破 12 亿吨，为美国密西西比河的 2 倍、欧洲莱茵河的 3 倍；2014 年，长江干线货运量突破 20 亿吨，成为世界内河运输最繁忙、运量最大的通航河流；2020 年，长江干线货运量更是突破了 30 亿吨大关，再创历史新高。长江航运每年对沿江地区经济发展的直接贡献在 2000 亿元以上，间接贡献在 4.3 万亿元以上，成为名副其实的“黄金水道”。

2014 年春天，“依托黄金水道，建设长江经济带”被写入当年的《政府工作报告》，上升为国家战略。长江黄金水道进入发展的“黄金期”。

航道是舟楫通行的基本资源，是航运发展的首位要素。2014 年以来，国家交通航运部门按照“深下游、畅中游、延上游、通支流”的发展思路，加快推进长江干线航道系统治理，先后实施了长江口南槽一期、南京以下 12.5 米深水航道、武汉至安庆段 6 米深水航道、荆江河段航道等一系列整治工程，干流 2800 余千米的航道全部达到国家高等级航道标准。

一寸水深一寸金。随着干线航道通航条件的明显改善，5 万吨级海轮直达南京、5000 吨级船舶直达武汉、3000 吨级船舶直达重庆、2000 吨级船舶直达宜宾，有力支撑了长江航运快速发展，促进了上海、武汉、重庆 3 个航运中心和 22 个主要港口的布局和建设，沿江亿吨级大港已达 15 个。

大江东去，其势在畅。“黄金水道”成色如何，沿江港口集装箱吞吐量是重要的检验指标。

武汉新港阳逻集装箱港区，集装箱卡车不停来回转运，码头上龙门吊伸出巨型手臂，抓起几吨重的各色集装箱轻轻放下，频繁起吊之间，江面上的货轮立马变得五彩斑斓，装满货后驶向远方。

武汉新港涵盖武汉、鄂州、黄冈、咸宁、黄石 5 市港口，阳逻集装箱港是其江北核心港。2013 年以后，武汉新港积极开拓多式联运体系，优化运输结构，江海联运、水铁联运、水水直达、沿江捎带等现代物流业快速发展，港口集装箱吞吐量从 2013 年的 85 万标箱发展到 2021 年的 248 万标箱。

从江边的滩涂地到汽笛轰鸣、巨轮云集的国际港口，武汉新港的变迁见证了长江港口的发展史。长江干线已形成了重庆、武汉、上海三大航运中心、22 个国家级主要港口，有近 4000 座现代化码头泊位矗立在大江两岸，昼夜不停地为长江上的 16

▲

武汉港沌口商品汽车滚装码头

万艘船只通江达海提供快捷高效的服务。

依托长江黄金水道开展的多式联运，沿江地区聚集了全国 500 强企业中的近 200 家，以更便捷的物流条件、更低廉的物流成本，增添了企业的幸福感和获得感，也让长江经济带成为我国最富活力和最具竞争力的经济区域之一。

长江滚滚东流，昼夜不息，赋予我们舟楫之便。绵延 2800 多千米的长江干流航道，如今已经成为世界上最忙碌的内陆水上运输大动脉。这条“黄金水道”通航能力的进一步提升，对畅通国内国际双循环主动脉意义重大。

生生不息的长江，经过历代治理开发，庞大的水系尽显灌溉之利，将流域大地浇灌成平畴沃野，孕育了悠久灿烂的华夏文明，留下了众多历久不衰的水利瑰宝。

灌溉之利

滚滚长江水，日夜竞东流，万世资溉灌。

灌溉是农业发展的基础支撑。我国古代以农立国，修水利、促灌溉、兴农事，历来是治国安民的大事。

生生不息的长江，经过历代治理开发，庞大的水系尽显灌溉之利，将流域大地浇灌成平畴沃野，孕育了悠久灿烂的华夏文明，留下了众多历久不衰的水利瑰宝。

都江堰、长渠、湊港、槎滩陂等历经千年风霜，至今依然在发挥着作用的灌溉工程，就是这些水利瑰宝中造福一方、泽被后世的光辉典范。

水畅其流，润泽沃野。

正在不断拓展的灌溉之利，让流域上下田园牧歌更嘹亮、大江南北家家粮仓更殷实。

千古一堰

“砍杩槎——放水啰——”随着放水号令的发出，身着古装的堰工们挥舞着板斧，使劲砍向杩槎。顷刻间，岷江水策马奔腾，一泻千里，流向广袤的成都平原。

每年清明时节，中国·都江堰清明放水节开幕式上，都会再现千年前壮观的放水景象。都江堰清明放水民俗始于公元978年，古时，每到冬季，人们便用杩槎筑成临时围堰，淘修河床，加固河堤。到清明时节岁修结束，人们便举行仪式拆除杩槎，让岷江水灌溉成都平原。后来，放水仪式演化为灌区人民的一项传统文化活动，以祭祀李冰父子，祈求五谷丰登。清代诗人山春在《灌阳竹枝词》中再现了清明放水喜迎春耕的情景：“都江堰水沃西川，人到开时涌岸边。喜看杩槎频撤处，欢声雷动说耕田。”

都江堰位于成都平原西部的岷江干流中游，是我国古代最大的水利工程。古时，岷江穿过上游水流湍急的峡谷后，犹如离群的野马般四处奔窜，致使

▲
都江堰

成都平原水道紊乱，西部洪涝、东部干旱，交替为患。战国时期，秦国吞并蜀地后，欲将这块膏腴之地打造为支撑其统一天下的后方大粮仓，治理岷江水患、发展农业生产就成了当务之急。公元前256年至前251年，蜀郡郡守李冰在吸收前人治理岷江经验的基础上，充分利用当地西北高、东南低的地理条件，根据岷江出山口特殊的地形、水脉、水势，因势利导，率众凿离堆、穿二江，以石头、木桩、竹笼为主要材料，建成了都江堰。岷江自此被分为内外两股，外江仍循原流，内江经人工渠道流入成都平原，灌溉农田，把水害变为水利，使四川盆地成了“水旱从人，不知饥馑，时无荒年”的“天府之国”。

这座世界上唯一存留至今的大型无坝引水工程，以最小的工程量，成功解决了引水、泄洪、排沙等一系列技术难题，在2000多年的漫长岁月中，始终运行不辍、造福一方，是中华民族科学治水的光辉典范。

都江堰三大主体工程鱼嘴（分水堤）、飞沙堰（溢洪道）和宝瓶口（引水口）在选址和营构上，巧妙地运用了地形、地势、河流弯道和水流态势，利用“凹岸取水”“凸岸排沙”的原理，以“鱼嘴”分流分沙，筑“飞沙堰”泄洪排沙，凿“宝瓶口”限洪引水。具体说来，就是鱼嘴分水堤把岷江一分为二，在正常的情况下，60%的水量会被分流进入内江，用来灌溉农田；洪水到来时，外江正流则发挥排泄洪水的作用。飞沙堰溢洪道在旱季把岷江的水拦住，全部引入内江；在雨洪季节，又把内江容纳不了的水排出，自动流入外江。宝瓶引水口是内江的咽喉，进入内江的水，都是通过这个口子流向各条灌渠的。这三大主体工程相辅相成，浑然一体，协调运行，共同发挥了引水灌溉、分洪减灾、排沙防淤的神奇作用，其技术含量直到今天仍然令人惊叹，堪称全世界最伟大的古代水利工程。

此后，历代治蜀者均以李冰为榜样，以治水为重任。西汉蜀郡太守文翁主持复修都江堰，率先扩大了都江堰灌区；三国时，蜀汉丞相诸葛亮认为“此堰农本，国之所资”，遂专门设置堰官，并“征丁千二百人主护”，对都江堰进行经常性的管理维护；唐代尚书右仆射高俭在原有渠道和工程整治的基础上，布置和扩建了许多分支渠道，扩大灌溉面积；元代吉当普、明代施千

▸ 都江堰鱼嘴

▸ 都江堰内江岁修

祥均在渠首分水枢纽鱼嘴结构和材料上进行革新尝试。这些先贤们在治水实践中，总结出“深淘滩，低作堰”“遇弯截角，逢正抽心”等蕴含着“人水和谐”“道法自然”理念的治水经验，直至今天依然被世界水利界奉为圭臬。

岁修是都江堰每年一次的大事。古代竹笼结构的堰体在岷江急流冲击之下并不稳固，而且内江河道尽管有排沙机制但仍不能避免淤积，因此需要定期对都江堰进行整修，以使其有效运作。宋代订立了在每年冬春枯水、农闲时断流岁修的制度，称为“穿淘”。史书记载，每当隆冬时节，由上万民工组成的岁修大军，从四面八方来到都江堰岸边安营扎寨。江上大小船只川流不息，岸上鼓声雷动响彻云霄。根据李冰留下的“深淘滩，低作堰”岁修准则，内江要清淤，堤岸要加固，什么时候看见埋在河床上的三根“卧铁”了，就算达到内江岁修的标准了，那是“深淘滩”的标记。淘得过深，宝瓶口进水量大了，会引起涝灾；淘得过浅，水量又达不到灌溉的需求。“低作堰”是说飞沙堰的标准，从卧铁到堰顶不高不矮只能是2.15米。据说有一年，因农田面积的增加，需要加大灌溉水量，岁修时人们将飞沙堰加高了80厘米，这年春汛时成都北部就超过了警戒水位，人们赶快拆掉加高的水泥围堰，恢复古制，水位才降了下来。

以现代眼光来看，都江堰工程是一张巨大的灌溉水网。通过宝瓶口进入成都平原的江水，经过仰天窝水闸之后分为两股，再经过蒲柏闸和江安走马闸分为四股，以下又按干渠、支渠、斗渠、农渠、毛渠五级，愈分愈细，成为密如蛛网的灌溉网。余水，一部分流入沱江，一部分回到岷江，即外江。

是故，都江堰的灌溉面积大小，取决于灌溉水网的大小、长度和畅通程度。水利专家估计，进入宝瓶口的江水如全部被利用，可灌溉田地2000万亩。关于都江堰的具体灌溉面积，极少见诸文献记载。《宋史 · 河渠志》第一次明确提及了都江堰的灌溉区域，主要为导江、新繁、金堂、成都、华阳等10个县。清代后期，都江堰灌溉面积曾达300万亩。其后由于灌溉渠道年久失修，淤塞垮漏，到民国时期，只能灌溉200万亩。

从20世纪50年代起，都江堰灌区先后修建了人民渠、东风渠等重要的水利工程，成都平原的土地全部得到了浇灌。如今的都江堰已成为四川省不可或缺的水利基础设施，承担着 7 市、37 县（县级市、区）1089 万亩农田灌溉，以及 2300 多万城乡人民生活、生产及生态环境用水任务，在灌溉、城乡供水、防洪、水产养殖、种植、旅游、环保等多目标综合服务保障中，焕发出无限生机与活力。

2000 年，都江堰列入世界文化遗产名录；2018 年，都江堰列入世界灌溉工程遗产名录。

著名社会活动家赵朴初曾在参观都江堰后赋诗曰："长城久失用，徒留古迹在。不如都江堰，万世资灌溉。"这一赞誉，都江堰完全担当得起。

与都江堰兴建时间大致相同的古巴比伦纳尔 - 汉谟拉比灌溉渠系、古罗马远距离输水道，都因沧海变迁或湮没或失效。只有我国的都江堰，至今运行不辍，成为一个属于中国、属于世界的奇迹。

战渠灌渠

汉江与其支流蛮河夹交的冲积平原，是一片富饶的土地，一条绵延百里的灌渠纵贯其间，将湖北省南漳县和宜城市的沃野平畴连在一起。

这条灌渠就是长渠，始建于公元前 279 年的战国时期，比都江堰早 23 年，比郑国渠早 33 年，比灵渠早 65 年，是我国现存古代兴建最早的水利工程之一，被《中国水利之最》列为"我国最早的灌溉渠道"。渠道西起襄阳市南漳县武安镇谢家台村，东至宜城市郑集镇赤湖村，全长 49.3 千米，故又有"百里长渠"之称。

2018 年，长渠与都江堰、灵渠、姜席堰一起入选世界灌溉工程遗产名录，这条在常人眼里与普通河渠似无二致的渠道才渐渐进入公众的视野。

长渠的修建初衷，并非用于农业灌溉，而是用于战争。

长渠最初的名字叫"白起渠"，是源于创建它的人——战国时期秦国著名将领白起。战国晚期，秦国发起规模空前的统一战争，秦昭襄王于公元前

▲
长渠（白起渠）

279年遣大将白起南下攻楚，秦军乘船走汉江水路，直扑当时楚国的别都鄢城（今湖北省宜城市南郑集境内）。楚国为了保卫战略要地，调动主力部队与秦军在鄢城决战。白起率军进逼鄢城后，遇楚国重兵把守，久攻不下，决定采用水攻。他根据鄢城地理位置较低而周围又河渠密布的条件，在城西百里处的蛮河上垒石筑坝拦水，开沟挖渠，“以水代兵”，待江水涨起后，引水倾灌鄢城，人亡城破。

战事结束后，秦国在当地设置鄢县，并对白起渠进行疏浚改造，用之灌溉农田，“战渠”由此变“灌渠”。

白起渠的功能发生颠覆性的转变后，长渠便有了2000多年伴着田园牧歌的灌溉史。历代统治者中的有识之士，认识到长渠的巨大灌溉效益，不断对其加以开发、治理。从唐朝始，直至清朝康熙年间，长渠经历了 5 次大修和 7 次局部修治。北宋至和二年（1055 年），宜城县令孙永主持的大修，是对长渠灌溉功能最重要的恢复与扩展，他不仅重新修复了长渠，还建立了长渠灌区民间自治、政府督导的管理制度。南宋初期，汉江中游襄阳一带成为南宋与蒙古对峙的重地，出于军事屯田的需要，南宋朝廷多次组织整修长渠，使灌区工程体系更加完善，渠道与陂塘相连，沟渠密布，襄宜平原成为历代重要粮仓。

长渠开掘、修治的历史功勋及其产生的巨大灌溉效益，历代皆有诗文辞赋赞颂。北魏郦道元在《水经注》中称“白起渠溉三千顷”。唐代诗人胡曾赋《咏史诗 · 故宜城》云：“武安南伐勒秦兵，疏凿功将夏禹并。谁谓长渠千载后，水流犹入故宜城。”北宋欧阳修《书宜城修水渠记后奉呈朱寺丞》诗中有言：“古渠废久人莫知，朱君三月而复之。沃土如膏瘠土肥，百里岁岁无凶菑。”

与都江堰一样，长渠同样彰显了古人伟大的治水智慧。其“长藤结瓜”的工程布局和“分时轮灌”的灌溉模式，有效平衡了水资源，极大地提升了灌溉效益，至今仍为许多水利工程借鉴。

何为“长藤结瓜”？长渠启用之初，沿线就串联了土门陂、新陂、熨斗陂、臭陂和朱湖陂等水库和堰塘。历代扩建翻新，在沿线修塘筑堰，又新挖了很多支渠，使得这条百里长渠流经之处，形成了一张庞大的灌溉网。这就好比长渠干渠是一条粗壮的瓜藤，大大小小的水库、堰塘就像藤上结出的“瓜”，于是有了“陂渠相连，长藤结瓜”这个形象的说法。“藤”引水、“瓜”蓄水，互相串联、互为补充，从而提高了整个渠系的灌溉能力。在非灌溉季节，拦河坝使河水入渠，渠水入陂塘，常年蓄水，不让水源白白流走。到了灌溉季节，长渠供水给陂塘，多者三四次，少者一两次，循环蓄水，实现了以丰补歉、以大补小、互通有无、平衡水量的目标，使得长渠灌区灌溉保证率达 85%，成为我国南方“长藤结瓜”灌溉工程的典型。

唐宋时期朝廷大规模修治，在长渠内增加了 4 个大型节制闸，为实施“分时轮灌”创造了条件。4 个大型节制闸把灌区划分为 4 个区域，自上而下分

▲
引长江水入内河抗旱

时轮灌。以9天(216小时)为一轮，一轮分四段，第一段节制闸供水48小时，第二段节制闸供水56小时，第三段节制闸供水50小时，第四段节制闸供水54小时，再留出8小时机动时间用于维护和检修。“分时轮灌”实现了高渠高田有水抽、低渠低田能自流，极大地扩展了灌溉面积，还减少了水事纠纷。唐宋八大家之一的曾巩在《襄州宜城县长渠记》中记述“时其蓄泄，而止其侵争，民皆以为宜也”。“分时轮灌”这一用水管理技术上的创新之举，一直被沿用至今并得到了革新发展。

古长渠，历尽沧桑，穿越2000多年，屡废屡兴。自1951年以来多次续建配套，长渠灌区发展成以三道河大型水库为主水源，15座水库及2671口陂塘为补充水源，各级干支渠道为脉络的“大、中、小”相配套、“蓄、引、提”相结合、“长藤结瓜”式农业灌溉系统。工程拥有规模以上干渠1条、主要支渠38条、闸门499座、渡槽39座、涵洞518座、倒虹吸3座、滚水坝1座，灌溉着30.3万亩良田。

如今，长渠两岸林木繁茂，物产丰硕，当地百姓亲切地称长渠为“幸福渠”“致富渠”。

智慧流淌

薄雾轻绕，青山吐翠。

曙光微露之际，湖南省新化县水车镇紫鹊界村的村民们就在田间忙活开了。正值夏种时节，层层叠叠的梯田浸满了水，似一块块明晃晃的镜子，倒映着人们赤脚下田、弯腰插秧的身影。

这片分布在海拔500—1200米山麓间的梯田，就是2014年首批列入世界灌溉工程遗产名录的紫鹊界梯田。据考证，紫鹊界梯田起源于先秦，至宋元明时期进一步扩大完善。算起来，这梯田里的水，已连绵不绝地流淌了2000多年。

▲ 紫鹊界梯田

梯田是在丘陵山坡地上沿等高线方向修筑的条状阶台式或波浪式断面农田，对灌溉水源依赖度极高。千层叠翠的紫鹊界梯田共有500多级，没有任何山塘、水坝等蓄水系统，但水源又似乎无处不在，从石头缝里迸出、从土壤中渗出，水量虽不大，却布满山坡。凭借巧夺天工的设计，依托山中基岩裂隙水、孔隙水水源，紫鹊界梯田构筑起纯天然的自流灌溉系统，这里“山有多高，水有多高，田就有多高”，堪称世界灌溉工程的奇迹。潺潺流水四季不绝，浇灌着依山势而建的数万亩梯田，旱涝保收，至今仍养育着16个村庄、1万多名村民。

水绕着田，田依着寨，人居与农耕和谐交融。紫鹊界梯田，是我国古代劳动人民面对水利难题，用智慧做出的惊艳世界的又一答卷。

像紫鹊界梯田这样历经岁月风霜而不朽，流淌着千年治水智慧的古代灌溉体系或工程，在长江流域还有不少，如溇港和槎滩陂，并且它们蕴含的治水智慧，还有别于都江堰无坝引水、长渠长藤结瓜、紫鹊界梯田自流灌溉。

溇港是太湖地区独有的一个古老灌溉与排涝系统。2500年前，吴越两国正上演跌宕起伏的争霸大戏，为扩大粮食种植面积，吴国相国伍子胥与越国相国范蠡分别组织民众，在太湖南岸的沼泽滩涂上争相开河筑堤，用圈圩挡水之法，陆续开凿塘、浦、溇、港，修建渠道，排出疏干湿地水分，将涂泥逐渐改造为沃土，这是溇港系统的起源。

经过历代扩建改良，至北宋时，太湖溇港水利体系臻于完善。在太湖南岸，从东至西每隔1000米左右就有一条河渠，像梳齿一样排列开来，河道宽的叫作“溇”，窄的叫作“港”，故统称“溇港”。横贯其间的一道道东西向河道叫作“横塘”，横塘之间的格子状田块就是“圩田”，这样就构筑了“田成于圩内，水行于圩外”的溇港灌溉体系。

每一个溇港与太湖交汇处均建有一道闸门，上游区域遇洪涝时，水闸开启，泄洪水入太湖；太湖涨水时，水闸关闭，防止湖水内侵害田；旱季开启水闸，引太湖水流入溇港灌溉圩田……依靠水闸的调节，溇港中始终可以保持较为稳定的水位，正如北宋范仲淹所言“旱涝不及，为农美利”。源源不断的太湖水，通过众多溇港，流入万千圩田中，造就了“鱼米乡，水成网，两岸青青万株桑”的盛景，时至今日仍发挥着重要的灌溉作用。

双向引排的溇港水利系统，奠定了太湖平原鱼米之乡、丝绸之府、财税之区和文化之邦的重要历史地位。正因为如此，该系统曾得到水利界泰斗郑肇经的高度评价，他认为这是“古代太湖劳动人民变涂泥为沃土的一项独特创造”，甚至“可与四川都江堰、关中郑国渠媲美”。

太湖溇港水利系统中的治水智慧，亦被历代治水专家推崇与借鉴。明代著名水利学家潘季驯曾四次总理河务，主持黄河和京杭大运河治理期间，他吸收借鉴家乡湖州溇港水利系统的经验，特别是在认真研究溇港“重阳后闭闸，清明后启闸”这一冲沙减淤、保护河道的先进举措后，创造性地运用“逼水归槽，束水攻沙”之策，有效治理了黄河泥沙淤积，因此潘季驯被誉为“千古治黄第一人”。

槎滩陂位于江西省泰和县，始建于南唐。公元 937 年，躲避战乱寓居乡村的南唐金陵监察御史周矩，在赣江水系禾水支流的牛吼江上游槎滩村畔，组织当地民众将木桩打入河床，再编上长竹条，然后填筑黏土夯实，最后在主坝上层垒叠坚固的红条石，形成陂坝，名为槎滩陂。陂成后，周矩父子相继率众开挖了 36 条灌溉渠道，使得当地 9000 多亩因旱歉收的薄田变成旱涝保收的良田。

槎滩陂有主坝和副坝两部分，初建时为木质结构，元代末期重修时改为石质结构。此后又经多次维修，直至 1983 年对坝体进行混凝土包裹加固，一直沿用至今。

符合科学、因地制宜的设计，是槎滩陂千年不败的重要因素。其坝址选在河床坚硬、水流较缓的河段，有利于坝体稳定。而经过精心测算的坝高，则限定在略低于河岸的位置，这样，枯水期时，陂坝可有效将江水聚集后引入下游的灌溉渠网，发挥更大的灌溉作用；洪水期时，陂坝随着水位上涨没入水下，洪水从坝上自然溢出泄入河道，从而发挥防洪减灾功能。此外，槎滩陂主坝和副坝各设有一孔冲沙闸，有效解决坝前泥沙淤积问题。陂左侧还设置了供船只、竹排通行的水道，保证了航运畅通。

槎滩陂千年来能够活水长流，还在于实施了“陂长制”这一先进的水利工程管理与运行制度。元代至正元年（1341 年），周、蒋、胡、李、萧五姓宗族在官方的支持下制定了《五彩文约》，由五姓宗族轮流担任陂长，实行陂长负责制，维修和管理槎滩陂，形成了官府与宗族、官与民相结合的管理体系，从根本上保障了工程修缮维护所需的人力和资金，也减少了用水纠纷。

千年以来，槎滩陂经过多次维修改造，灌区不断扩展，灌溉面积现有 6 万余亩，滋润着亿万稼穑，被誉为“江南都江堰”。

我国古代以农业立国，对水利建设尤其重视，在几千年的农耕岁月中，兴建过数以万计的水利设施，是灌溉工程遗产类型最丰富、分布最广泛、灌溉效益最突出的国家。从 2014 年起，国际灌溉排水委员会开始在世界范围内评选灌溉工程遗产。截至 2022 年，世界灌溉工程遗产名录上，共有 30 项中国工程。据不完全统计，除上述都江堰、长渠、紫鹊界梯田、溇港、槎滩陂外，长江流域还有灵渠、汉中三堰、千金陂、潦河灌区、东风堰、通济堰、兴化垛田、松古灌区和上堡梯田等古代著名灌溉工程也入选了该名录。

这些灌溉工程虽然形式多样，但它们有一个共同点，那就是都流淌着古人治水智慧，闪烁着农耕文明之光。

水润沃野

江南多水泽。

长江流域的灌溉设施起源于水稻等亲水作物的种植和栽培。考古发掘证明，长江中游地区是世界稻作文明的发祥地，在江西万年仙人洞、湖南道县玉蟾岩等遗址中先后发现了距今 12000 年到 10000 年的稻作遗存，表明当时逐步形成了最初的水稻农业。随着水稻种植面积增长，农业灌溉应运而生。到了 5000 多年前的良渚文化时期，已经出现了连续成片的大面积稻田，并有与之配套的蓄水池、放水沟等灌溉系统，大大提升了稻作农业规模化生产水平。

不过，在春秋战国以前，长江沿岸人口、土地等方面的矛盾并不突出。如果一块土地经常出现水旱灾害，人们可易地而居，另觅土地耕作，加之社会生产力水平低下，所以人们兴修较大规模水利灌溉工程的意愿并不强烈，条件也不成熟。

及至春秋战国时期，生产力的发展尤其是铁制工具的普遍使用，为兴修水利创造了有利的物质条件。此时诸侯割据，互相攻伐，争相称霸，各诸侯国出于对粮食征集等方面的需要而大规模垦殖荒地，农田灌溉工程因此有了较大规模的发展。都江堰、长渠、紫鹊界梯田、太湖溇港等，均是这一时期兴修和起步的，后世的各类灌溉工程，几乎都可以在这些工程里找到模板。

秦始皇统一六国后，为将岭南的百越之地纳入大秦版图，于公元前219年诏令监御史禄掌管军需供应，督率士兵、民夫在湘江与漓江之间修建一条运载军粮的人工河。5年后，这条人工河凿成，就是灵渠，不久秦国就统一了岭南。灵渠的主要功能是航运，2000多年来一直是岭南地区与中原交通往来的战略要道，同时也发挥着灌溉作用，历代皆有疏浚维护，灌溉湘桂走廊沿线农田，目前灌溉面积约6万亩。

到了汉代，国家政权相对稳定，在400多年的历史中，除对原有水利工程进行维修取得效益外，在今陕西汉中、河南南阳、四川成都、安徽舒城、江苏扬州等地区和浙江长兴一带，都新建了相当多的塘堰灌溉工程。在汉江上游大大小小的支流上，西汉立国之初就开始修建引水堰坝，数百年来一共建了100多处，构成了发达的农田灌溉体系，其中最具代表性、产生灌溉效益最大、使用时间最长的是有“汉中三堰”之称的山河堰、五门堰、杨填堰。东汉初年，南阳太守杜诗在当地“修治陂池，广拓土田”，并利用水力鼓风，发明“水排”。他在汉江支流蛮河上扩建了木里渠，灌溉农田700顷。三国时，吴将周泰引涔水灌田数十万亩，此为湖南最早的大型引水工程；同时期的蜀汉则经营都江堰和汉中灌区。

西晋永嘉之乱后，北方人口大规模南渡，也在长江流域垦殖了更多的农田，兴建了大量灌溉工程。中下游地区主要依托比较大的湖泊水系，按照灌溉需要进行人工改造，如位于今江苏句容的赤山湖、位于今江苏丹阳的练湖等，都产生了很大的灌溉效益。上游地区则是根据地理条件开发小型蓄水工程，有的利用积水洼地修陂池，有的则利用取土坑积水，如成都千秋池、万岁池，用的就是秦国筑城墙时留下的取土坑。而在今湖南郴州一带，当年还曾利用温泉灌溉，取得了一年三熟的纪录，灌溉面积有几千亩之多。

隋唐大一统，我国进入古代极盛时期，社会经济有了很大发展。朝廷更加重视农田水利建设，唐代尚书省工部下设水部郎中和员外郎，“掌天下川渎陂池之政令”，凡堤防、塘堰、舟楫、灌溉等，一并管理，一方面对历代一些大型水利工程如都江堰、灵渠等进行维修以充分发挥其灌溉作用；另一方面则在长江流域新建了相当多的灌溉工程，大小陂塘遍布大江南北。据《新唐书·地理志》记载，唐代水利工程共有236处，其中灌溉排水工程有165处。如果以公元755年安史之乱为唐代由盛而衰的转折点，以秦岭、淮河一线为南北地理分界线，则唐代前期的灌排水利工程有107处，其中北方为67处，南方为40处；唐代后期的灌排水利工程有58处，其中北方仅10处，南方48处。长江流域各州府县志中有不少关于唐代兴修堰塘的记载，如元和年间（806—820年），江南西道观察使韦丹发动群众在南昌（今江西省南昌县附近）“筑堤捍江，长二十里，疏为斗门，以走潦水”，修建灌溉陂塘598处，受益农田达120万亩，这就是被列入世界灌溉工程遗产名录的潦河灌区之肇始；大和年间（827—835年），四川青神县修成灌田200余顷的引水工程，即鸿化堰前身。

长江流域的经济发展在宋代走向了一个新的高潮，形成“国家根本，仰给东南”的局面。宋神宗说“灌溉之利，农事大本”，这是宋朝历任皇帝对农田水利建设重要性的普遍认识。朝廷经常发布有关农田水利建设的诏令，将此项工作作为考核地方官员政绩的重要指标。终北宋一代，太湖地区兴修水利的记载不绝于史书，主要是在苏州、松江、昆山、宜兴一带筑堤、建桥、开塘、置闸，重点解决农田的排灌问题。宋室南迁后，南方人口剧增，沿江地区垦田面积迅猛增加，与之相配套的是大举兴修陂塘灌溉工程。据《宋史》载，宋孝宗淳熙元年（1174年），提举江东常平茶盐公事上奏，江东共修治陂塘、沟堰22451处，可灌溉田亩4.4万顷。这是南宋重视农田灌溉的一个写照，当时小型农田水利工程形式多样，数量极多，几乎每个县都有，不少工程持续到明清以后，有的至今仍在使用。

元明清是中国人口增长较快的时期，清朝全国人口总数由1亿左右增至4亿多，人口增多促使耕地面积增加和单产提高，同时也促进了灌溉的发展。以灌溉为主的农田水利工程在各地普遍兴修，江南地区较为突出，但大型工程较少。元代学者王祯在《农书》中记述：“惟南方熟于水利，官陂官塘，处处有之，民间所自为溪堨水荡，难以数计，大可溉田数百顷，小可溉田数十亩。”清代光绪年间编著的《湖南通志》统计，湖南全省陂塘有8700多处，其中建于清代或始于清代灌田千亩以上的有120多处，灌田10万亩以上的

◀ 江南膏腴之地

有10处。

近代至新中国成立前夕，山河破碎，战乱不已，民不聊生，水利设施不仅缺乏正常维护，而且不少遭受破坏，灌溉能力大为下降。据长江水利委员会编著的《长江治理开发保护60年》一书统计，新中国成立前夕，长江流域灌溉面积约为667万公顷，仅占耕地面积的23%，灌排能力严重不足，粮食生产能力低下，一遇大的旱涝灾害，往往赤地千里，粮食绝收，饿殍遍野。

仓廪实而天下安。粮食安全是经济发展和社会稳定的压舱石。长江流域是农业生产的精华地带，上游的成都平原，中游的洞庭湖和江汉平原，下游的鄱阳湖和太湖平原都是我国重要的商品粮棉油基地。新中国成立后，大兴水利，修复和续建了都江堰、长渠等一批古代灌溉工程，新建了湖北漳河水库灌区、湖南韶山灌区、江西赣抚平原灌区、安徽驷马山灌区、河南鸭河口灌区等一大批灌区，流域内灌溉体系初步形成，这些地区已成为我国重要的农业生产区。

水到田头，粮食丰收。长江流域不断发展的农田灌溉事业，既充实了国家的粮仓，又鼓起了农民的钱包，为流域各地乡村振兴奠定了坚实基础。

▲

江西赣抚平原灌区

滚滚长江，携如蛛网的支流和似棋布的湖泊，在两岸的膏腴之地上，酿制出令人称羡的富庶与繁华。大江上下，『鱼米之乡』比比皆是。

鱼米之裕

滔滔江水，润泽了丰饶的土地。

滚滚长江，携如蛛网的支流和似棋布的湖泊，在两岸的膏腴之地上，酿制出令人称羡的富庶与繁华。大江上下，“鱼米之乡”比比皆是。

从考古发掘的实证来看，长江两岸的“鱼米之乡”，其实有着十分悠久的历史传承。早在一万年前的新石器时代，长江流域的先民就通过栽种水稻、捕捞鲜鱼，过上了“饭稻羹鱼”的日子。

民以食为天。当我们的先民在一万年前将稻谷播种到长江之滨时，就已经为长江、为中国、为世界种下了维系人类生命的主粮。

宽广厚重的膏腴之地，与勤劳聪慧的长江流域人民完美契合，经历代开拓，长江流域逐渐成为天下粮仓。加之大自然的偏爱，长江水系庞大、河网密布，水域面积广阔，更是天然的鱼仓。

皇天厚爱，物华天宝；鱼米之乡，名副其实。

鱼米之裕，是长江母亲河对人们最慷慨、最无私、最大度的馈赠。

膏腴之地

金秋九月，广袤的江汉平原，流金泛银，黄澄澄的稻穗铺满田野，白灿灿的棉花朵朵盛开，好一派丰收在望的田园风光。

江汉平原自古就有“鱼米之乡”的美誉，是我国少有的稻、麦、粟、棉、麻、油、糖、鱼、菜皆大量出产的地区。“秋风禾黍连阡陌，夜雨桑麻满故城”“稻熟村村酒，鱼肥处处家”，古人这些诗句真实描摹出江汉平原的富庶。难怪晚明公安派文学领袖袁宏道七次上书辞官，要回家乡江汉平原过“植柳种荷，饮酒作赋，观鱼赏花，沧浪濯尘，逍遥自在”的日子。

位于长江与其最大支流汉江交汇地带的江汉平原，由两江裹挟的泥沙历经千万年冲积而成。久远的岁月里，这里是长江最主要的洪泛区，奔流不息的滔滔江水润泽了这片肥沃的土地，吸引了人们在此聚居。人们倚水而生，

▲
安徽省芜湖市繁昌区平铺镇永庆圩万亩高标准农田

趋水之利而避水之害，在湖沼之间围河筑堤、垦出垸田，在田间地头插水稻、栽油菜、种棉花，在湖塘水泽养鱼、采莲藕、挖菱角。“四处野鸭和菱藕，秋收满畈稻谷香。人人都说天堂美，怎比我洪湖鱼米乡……”著名民歌《洪湖水浪打浪》中这几句歌词，就是江汉平原丰饶富庶的真实写照。

这样物阜民丰的膏腴之地，遍布长江上下，主要有长江上游的成都平原，长江中下游的江汉平原、洞庭湖平原、皖中平原、鄱阳湖平原和长江三角洲平原等。这些由长江及其支流所带来的泥沙不断淤积形成的冲积平原，因水源充足、土地肥沃而物产丰富，“鱼米之乡”是它们共同的别称。

▲

巢湖流域十八联圩

虽然长江两岸遍布鱼米之乡，但据土壤学专家研究，长江流域的土地最初并不利于其主要粮食作物水稻的生长，是流域人民世代辛勤耕耘、不懈改造，再加上自然成土因素的共同作用，这才有了后来的膏腴之壤。

万物生长有赖于土壤。长江流域范围广阔，植被、气候、降水量、地形、成土母质等土壤形成因素复杂，地区差异明显，南半部普遍分布着亚热带的典型土壤——红壤和黄壤。红壤广泛分布于河谷盆地，虽说这种土壤黏重、呈酸性、养分含量低，但由于所分布的地区水热条件优越，经过长期耕垦熟化而成的红泥土和红黄泥田，在合理轮作，种植绿肥，施用有机肥、磷肥和石灰后，肥力显著提高，变成高产的农业土壤，能种植粮、棉等多种经济作物。黄壤主要分布于地势较高、气温稍低、常年气候湿润的地区，植被相对较好，土层厚，腐殖质丰富。经耕垦熟化后的黄泥土和黄泥田，再加上施肥等手段被改造成高产农业土壤，宜于粮食耕种和多种经营，山区则宜种杉木、毛竹、茶树、油茶等。

长江流域北半部，纬向水平分布的是黄棕壤。其东部因近海，较湿润，西部则较干热，土壤性质有明显差别，不过这种土壤的自然肥力较高。黄棕壤分布区以北的山地垂直带上，分布着一种棕壤，其自然肥力较高，生产潜力也大。

比较特殊的是长江上游的四川盆地，集中分布紫色土。这种土自然肥力高，土壤结构好，酸碱条件适中，易于耕作，且能自然地不断补充养分，虽长期耕作仍肥力不衰，适宜种植粮食作物。因此，自建成都江堰平息了水患、畅通了水域后，四川盆地就有了 2000 多年的“天府之国”美誉。

长江流域降雨充沛，水热条件好，大部分地区农业发展较早，耕垦历史悠久，勤劳、智慧的长江先民早在一万年前就开始种植水稻了。相对于麦类、粟类可以选择直接播撒在低山、丘陵地带的种植方式，水稻种植对地形条件和灌溉技术的要求更高，需要有明确的田块和田埂，田块内必须保持水平，否则秧苗就会受旱或被淹。人们为了种植水稻，必须先进行地形改造，还要设置灌排设施，以保证旱季灌溉和雨季排涝。这些都需要大量人力和农业技术的支撑，所以长江流域的先民们从更不易遭遇水患的丘陵、低岗环境中的河谷平原起步，开始进行小规模的水稻种植。随着人口的增加和技术的进步，尤其是防洪手段的加强，水稻种植逐渐推进至地势低平的平原地区。就这样，一代又一代的长江儿女，在土质紧密的红壤、黄壤上，年复一年地耕作、施肥、轮作、灌溉、排水，改造出高度熟化、适宜农作物高产的沃土，为长江流域发展成我国重要的农业区奠定了基础。

当然，限于生产力水平，早期长江流域的耕作主要采用火耕水耨的原始方式，即用火烧去杂草，然后引水灌田种植稻谷。及至楚国在长江流域崛起后，创造了灿烂的青铜文明，不仅制造了大量锋锐的青铜兵器和精美的青铜礼器，还制造了不少性能远胜木石器的农业生产工具，提升了红壤的开发效率。此后，铁器逐渐推广和普及，到东汉时期，长江流域已彻底告别火耕水耨的粗放型耕作方式，特别是汉江流域和长江下游地区，普遍使用牛耕和铁制农具，汉中、南阳、襄阳等地被开垦为主要粮食生产基地，太湖平原则已是“沃野千里”。

魏晋南北朝时期，北方人口大量南迁，不仅充实了长江流域的劳动力，还带来了先进的农业生产技术，大批来自中原的能工巧匠与种田能手和江南民众一起，兴修水利、开垦农田，促使长江流域农业生产由粗放经营向精耕细作转变，甚至出现了“膏腴上地，亩直一金”的上等良田。大量良田的开垦，极大地增加了长江中下游的粮食种植面积，促进了经济社会的发展，史称这一时期的荆州为“南楚之富”，湘州（今湖南省长沙市）“民丰土闲”，襄阳则“田土肥良，桑梓野泽，处处而有”，而太湖流域已发展成“地广野丰”“余粮栖亩”的粮仓。

在长江流域农田开垦史上，隋唐时期是一个转折性的阶段，其标志是修建了大量的农田灌溉工程，使得沿江滨湖的易洪易涝地以及沿江的丘陵岗地、易旱地广为利用。为防止洪水侵袭，人们在沿江滨湖的低地四周修筑圩堤挡水，被围护在内的农田，长江下游叫作“圩田”，中游叫作“垸田”，统称“圩垸”。今江西、皖南和苏南丘陵山区，还依托塘堰灌溉工程修建了大量的梯田。此外，唐代江南地区还出现了稻麦复种制、茶林间作与鱼草轮作之法，这不仅令长江流域丰富的水热资源得到了更充分的利用，而且有利于保持生态平衡，进一步改良了农田土壤。

江水后浪推前浪，江畔青苗接稻黄。在宋代，江南圩区出现了联圩这一新的围垦形式，即通过筑长堤，将众多小圩并联起来，以达“塞支强干”和防洪保种保收之效。从筑圩到联圩，这是江南农业发展史上的一大飞跃。北宋庆历三年（1043年），范仲淹上奏称：“江南旧有圩田，每一圩方数十里，如大城，中有河渠，外有门闸，旱则开闸引江水之利，潦则闭闸拒江水之害。”南宋诗人杨万里写有《圩丁词》十首，描绘了当时江南水乡修圩田的情景，其中有一首写道：“年年圩长集圩丁，不要招呼自要行。万杵一鸣千畚土，大呼高唱总齐声。”

除联圩外，沙田、葑田、淤田等各种垦殖方式，在两宋时期亦很盛行，长江流域的农业经济持续繁荣，粮食产量随着农田面积的扩大而增长，故南宋中期以来，“苏湖熟，天下足”之说广为流传，意思是只要苏州府和湖州府的粮食丰收了，就足可供养天下。还有“今之沃壤，莫如吴、越、闽、蜀”和“苏、常、湖、秀，膏腴千里”之说。

明代，湖广省的下辖区域（今湖北、湖南两地）开展大规模围湖造田、湿地改造，造就了“湖广熟，天下足”的盛名。

这些盛名滋生的土壤，当然就是滔滔江水和世代儿女共同开发的膏腴之地。

天下粮仓

俗话说，一方水土养一方人。

不过，长江这一方水土，却不只养长江流域这一方人。无论是“天府之国”“鱼米之乡”“膏腴千里”等美誉，还是“湖广熟，天下足”“苏湖熟，天下足”等民谚，都在传递着同一个信息：长江流域是天下粮仓。

长江流域气候温暖、降水丰沛、土地肥沃，农作物生长周期多在 220 天以上，一年可两熟或三熟，是我国最主要的农业生产基地。易生速长的水稻是长江流域主要的粮食作物，也是目前世界上最重要的粮食作物之一，全球半数以上的人口以水稻为主食。

长江，是水稻的故乡。

民以食为天。文明的变迁以食物结构的改变为基础，从采摘、狩猎到农耕定居，这是人类文明发展史上的一次重大变革。北纬 30 度线附近依托大河流域兴起的古文明中，进入农耕社会时以种植大麦、小麦为主，我国黄河流域也是以种植耐旱的粟为主，只有长江流域一开始就种植水稻，成为水稻栽培种植的起源地、世界稻作农业的摇篮。

武汉大学长江文明考古研究院院长刘礼堂教授依据考古实证认为，距今

▲

长江中下游平原田园风光

1.5 万年左右，长江流域的先民在采集野生稻的同时，也开始有意识地少量栽培水稻，被认定初步掌握了驯化野生稻技术。驯化野生稻后，又经过几千年的发展，才逐渐形成了稻作农业。距今 1 万年左右，长江中游的居民率先在江西和湖南境内开始了驯化稻的成规模栽培。稻作农业的发展奠定了长江流域新石器时代发展的经济基础。距今 8000 年左右，成熟农业出现，稻田规模扩大，人们的农田管理经验日益丰富。

在江西万年仙人洞，湖南澧县彭头山与八十垱，河南舞阳贾湖、邓州八里岗，浙江余姚田螺山、萧山跨湖桥、嵊州小黄山、浦江上山，江苏泗洪顺山集等距今 1 万年到 7000 年的新石器时代早中期遗址中，均发现了大量水稻遗存，有力支撑了刘礼堂教授的上述结论。同时，这些考古发现把世界水稻栽培种植历史往前提了四五千年，也证明了我国长江中下游地区是人类稻作文明的发祥地，水稻栽培与种植技术是从长江流域逐步向环太平洋地区甚至全世界扩散传播的，这是长江对人类文明发展的重大贡献。

距今约 5000 年的良渚文化时期，稻作农业成为社会经济的主体。良渚先民普遍采用犁耕，水稻产量大幅提高。据相关考古研究测算，至良渚文化晚期，杭州湾北部的茅山遗址稻田平均亩产量达 141 千克，是河姆渡文化（距今约 7000 年）早期田螺山遗址稻田平均亩产量的 2.5 倍，快要接近铁器已普及的汉魏时期南方水田平均 150—181 千克的亩产量。2011—2012 年，浙江杭州市莫角山遗址里发现了一个填满大量碳化稻米的灰坑，推测可能是当时的粮仓失火了，灰坑范围为 600—700 平方米，灰层厚 40 厘米左右，依此测算稻谷损失为 1 万—1.5 万千克。可见，在 5000—4000 年前，长江流域中下游地区已经陆续建立起了成熟的稻作农业社会，已具备了担当天下粮仓的气魄。

夏商周时期，水稻栽培区域进一步扩大，向长江上游、黄河以北推进，基本上形成了我国古代水稻分布的大格局。此后经历代开发，江南水稻种植面积和产量日益增加，从秦汉之际的“楚越之地，地广人稀，饭稻羹鱼”，发展到南朝时的“地广野丰，民勤本业，一岁或稔，则数郡忘饥”。

汉末至唐宋，长江流域人口迅速增长，农田辟垦范围与面积大大扩张，从根本上改变了地广人稀的状况，水稻种植进入一个高峰时期。不少文人都将当时鲜活的水稻种植场景写进了诗词中。“诗圣”杜甫在安史之乱后寓居夔州（今重庆奉节）期间，受当地军阀、夔州都督柏茂琳照拂，主管官府在东屯的百顷稻田，同时自己也租了一些稻田耕种，因此对于水稻的种植十分关注，有好几首专写这方面的诗，如《行官张望补稻畦水归》“东屯大江北，百顷平若案。六月青稻多，千畦碧泉乱。插秧适云已，引溜加溉灌”，生动地描绘了水稻秧苗插种后引水灌田的情景；著名的《夔州歌十绝句》中也有“东屯稻畦一百顷，北有涧水通青苗”的描述。南宋豪放派词人的代表人物辛弃疾被罢黜官职闲居江西上饶期间，曾作《西江月·夜行黄沙道中》一词，其中名句“稻花香里说丰年，听取蛙声一片”，写的就是当地农田里水稻拔节扬花了，在夏夜里散发出幽幽清香，混合阵阵蛙鸣，预兆着又是一个丰收年。

两宋时期大兴水利促进了农田排灌设施的完善，长江流域水稻产量也有了明显提高，特别是在太湖地区。此地广泛种植朝廷推广的水稻优良品种——占城稻，通过精耕细作已经实现一年两熟，产量一般为每亩2—3石，平均为2.5石，合今亩产180—270千克，平均为225千克，为当时全国水稻最高产量区，被范仲淹称为“膏腴千里，国之仓庾也”。全国的粮食供给也越来越依赖南方水稻。苏轼在《进单锷〈吴中水利书〉状》一文中写道：“两浙（今江苏省长江以南部分地区及浙江省）之富，国用所恃，岁漕都下米百五十万石，其他财赋供馈不可悉数。”要知道当时全国漕粮总数只有600万石，两浙就占了1/4，成了名副其实的国家主粮仓。到了南宋初，江淮、湖广、四川等沿江漕粮运抵都城临安的也达到600万石，其中江西一地占比近1/3。

长江流域的人口在明清时期激增，沿江的大小河谷、丘陵或小山下的平原、河流冲积的滩涂、湖泊淤积的洲地都得到深度开发，长江中下游已成为全国主要粮仓。明朝嘉靖三十三年（1554年），无锡知县王其勤丈量土地，无锡有良田149.1287万亩，全年水稻总产量达24.5386万石，单产每亩由50斤猛增为200斤，最高亩产达800斤。明末成书的《天工开物》记载，

“今天下育民人者，稻居十七”，就是说水稻占了全国粮食供给的七成，而麦、黍、粟等不过占十分之三。江西在这一时期跃升为全国重要的米谷输出地，明朝洪武二十六年（1393 年），朝廷从江西征粮 259 万石，占全国总数的十分之一。清朝乾隆年间，江西北部物资集散地九江，平均每月出入港口码头的粮船 6600 多艘，载粮 150 多万石。

大江南北，稻米飘香。时至今日，长江流域仍以全国 1/4 的耕地面积，出产全国 2/5 的粮食，其中水稻产量占全国的 70%。这是长江担当天下粮仓的底气所在。

四大米市

两名身强力壮的伙计抬起一麻袋大米正在称重。

手捧茶壶的账房先生，坐在摆满量米、计数工具的条桌后翻看账簿。

一位大娘边翻看箩筐里的大米边与卖米的伙计讨价还价。

…………

安徽省芜湖市滨江公园米市广场上的一组雕塑，栩栩如生地再现了当年芜湖米市热闹的交易场景。

芜湖位于长江下游，安徽省东南部，早在春秋时期就已筑城，为吴国的鸠鹚邑，并开始了与太湖流域之间的米粮贸易。得益于便捷的水上交通，以及当地粮食主产区南陵县“一年熟，三年足”的充足粮源，唐宋时期芜湖就有兴建粮仓、屯粮转运的历史记载。明中叶以来，皖中、皖南所产稻米多在此集散，芜湖一些老地名，如米市街、大砻坊、笆斗街都与米业相关。“砻坊”是古时专门经营稻谷去壳加工的手工作坊。早在康熙年间的《芜湖县志》中就有关于“大砻坊”的记载，“东河沿大街长二里许，计砻坊八十所”，可见当时大砻坊一带加工稻米的盛况。米市街在清代便是稻米销售中心，也因此而得名。但是长期以来芜湖米市只是地方性米市，“大概供本地食米，间有客船装运邻省”，此时的米粮交易尚处于自给自足的状态，没有形成一条市场链。

清朝光绪二年（1876 年），丧权辱国的《中英烟台条约》被迫签订，芜湖被增开为通商口岸，成了“舟车辐辏，百货兴聚”的沿江重要商埠。于是洋务派领袖、北洋通商大臣李鸿章上书朝廷，奏请将镇江七浩口米市迁到芜湖。皖中平原是著名的稻米产区，加之芜湖水运条件便利，上连九江、武昌，下通镇江、上海，又有青弋江、裕溪河、水阳江、漳河等内河运输通道，把芜湖作为粮食交易的中心，可以振兴内陆经济，其条件自然比镇江七浩口要好。慈禧太后当即下懿旨批准。芜湖米市迅速崛起为全国性米市，潮州、烟台、宁波、上海、天津等地米商蜂拥而至，开设米号，坐地经营。从此芜湖粮商云集，中外舟轮如织，每年吞吐大批粮食，成为当时长江中下游最大的米粮集散地。光绪二十四年至三十年（1898—1904 年），芜湖米市的稻米出口量每年多则 500 万石，少则也有 300 万石，市场上的米谷“堆则如山，出则如江”。至 20 世纪 20 年代末，芜湖米市吞吐量仍维持在 500 万石左右，生意兴隆时，一家米号前曾经停泊过 9 艘货轮等待装载稻米，整个行业兴旺发达。时人胡去非、严新农在《安徽省一瞥》中写下了这一盛况：“运米的轮船往来广州、芜湖间，如穿梭似的繁密，因为是年安徽的米大熟，米价低廉，各处运米来芜湖的船民，帆船如云似的堆满了江边，岸上各栈屋的米堆积如山……这一时候，做米生意的，无不利市三倍。”20 世纪 30 年代，安徽连续数年天灾歉收，加之官僚资本垄断掠夺，芜湖米市迅速萧条，直至衰落，不少米商改从他业，另谋生路。

历史上，在长江中下游平原粮食主产区，每年出产的稻米除自给自足外，仍有大量剩余外销，由此在一些水陆交通便利之处，陆续形成了集加工、储存、运销于一体的大型米粮贸易集散地，尤以芜湖、无锡、九江、长沙四地为盛，因而人们将其并称“四大米市”或“江南四大米市”。

从明朝中叶开始，这四大米市商贾云集，米号粮行星罗棋布，每年都有几千万石大米集散，到后来发展成农产品的重要集散地和内陆商市。

无锡，位于江苏省南部，很早就是江南的一座名城，是江南文明的重要

▲

江南良田

发源地之一，有文字记载的历史可追溯到商朝末年。得天独厚的地理优势，是形成无锡米市的重要因素。无锡坐落在富饶的太湖平原，气候温和，土地肥沃，农业生产发达，自古就是南方水稻主产区。加之京杭大运河纵贯其间，得运河漕运之利，无锡就成了江南官粮漕运路线上的重要汇集点和中转站。明清漕运鼎盛时期，太湖流域和两浙漕粮均集中于此，并很快形成了江南著名的粮食市场。大运河北岸是无锡米市最兴旺的地段，运河上停泊着来自全国各地的粮船，真是桅杆如林。岸上大大小小的米行，最多时有 150 多家，加上其他商店，鳞次栉比，一片繁华。清朝乾隆年间，无锡米市每年粮食吞吐量有七八百万石。到 20 世纪初，无锡已成为全国五大碾米中心之一，粮食堆栈容量为东南各省之冠，其全盛时期，每年有千万石以上的粮食集散，有近亿元的资金流转。无锡米市不仅促进了金融业的发展，而且带动了各类商品畅销，促使各业兴旺，故当地有“粮业兴，百业盛”之说，无锡也被称为“小上海”。

九江，位于江西省最北部，东枕鄱阳湖，北濒长江，得舟楫之利，“途通五岭，势拒三江”，自古就是鄱阳湖平原丰富物产外运的必经之地。早在唐代，九江就已经是江西漕粮转运入京的必经之地，并由此发展为长江中游物资集散的一大商埠。到了宋代，经九江转运的漕粮就更多了，朝廷便在九江设置“转搬仓”，作为江南粮食储存转口集散地。南宋文人吴自牧在《梦粱录》中记述，九江“贮粮实仓、酿酒盈缸、行商坐贾、积贮倍息”，这就是尚处于雏形的九江米市的真实写照。明清时期，九江的粮食转运码头已是“车盖楼船，应接不暇”。清朝雍正年间，九江成为“数省来往孔道”，九江米市进入繁荣时期，当时有“米盐入郡城”和“橹声相闻，转谷之舟络绎不绝，米市经久不衰”的记载。第二次鸦片战争以后，九江被辟为通商口岸，列强在九江大力发展商贸，客观上促进了九江米市的兴盛。辛亥革命以后，九江米市曾兴盛繁荣了一段时间，特别是 1917 年南浔铁路全线通车以后，以前由江西腹地经水路运输经过湖口出口的米谷，均改由铁路运至九江出口，九江米市又进入鼎盛时期。当时有民谣唱道：“长江流域鱼米乡，鄱湖平原大粮仓。腹地深远赣鄂皖，米号兴隆数九江。”

▲
湘江橘子洲

长沙，位于湖南省东部偏北，湘江下游，相传其得名源于湘江之中的一块长形沙洲。长沙米市在长沙商贸史中占有重要位置，其雏形可追溯到北宋晚期，当时已有载米万斛的大船往来湘江。至明清时期，我国水稻生产重心由江浙西移到湖广等地，湖南在这一过程中成了“天下第一出米之区”，为长沙米市的发展提供了坚实后盾。到清朝雍正初年，湘江上运米之船“千艘云集”，直达汉口，再抵江浙，盛极一时。长沙附近的易俗河已成为百谷总集之区，“粮仓相比，米袋塞途，年贸易额达 200 余万担”。雍正四年（1726 年），湖南布政使司发帖，开设各类牙行，提供交易场所，米市正式形成。长沙米市的兴旺，吸引了长沙附近的小米市向省城汇集，同时出现了把稻谷加工成大米的人工碾坊、牛碾坊，乃至机器碾坊。到光绪年间，长沙的碾坊发展到 500 家，大都分布在碧湘街至草潮门沿江一带，尤以潮宗街为最多，故潮宗街有“米街”之称。清末民初，长沙本地粮商不但大量开设粮行，而且远至两广、江浙及汉口、郑州等地开设分号，各地的粮商也到长沙开设米厂、粮栈，长沙米市发展成了自由贸易中心和价格、信息辐射中心。

四大米市植根于长江流域大粮仓，是当时重要的米粮流通基地，对区域粮食盈缺起到重要的调剂作用，盘活了地方经济，也许还在一定程度上提升了种粮农民和粮贸从业者的生活水平。1953年，国家实行粮食统购统销政策，取消了粮食自由贸易，从此盛极一时的四大米市淡出了历史舞台。

大江厚馈

唐代宗大历八年（773年）暮春时节，被贬任湖州刺史的颜真卿在郊外西塞山长亭里组织了一次宴饮。

彼时烟雨蒙蒙，林下落英缤纷，随涨水的清溪流向远处湖中，水面白鹭斜掠，水中肥鱼腾跃。一众文人雅士在此间品尝鱼鲜、畅饮美酒，赋诗作画、吟啸纵歌，不亦快哉。

半醉半醒之际，早年辞官后隐居江湖、自称“烟波钓徒”的书画家张志和，写下了五首《渔父词》，拔得头筹。特别是第一首：“西塞山前白鹭飞，桃花流水鳜鱼肥。青箬笠、绿蓑衣，斜风细雨不须归。”这首词不仅当时在席间赢得满堂彩，此后还广为传播，成为传世佳作，被后世李煜、苏轼等人推崇。

这首词中名句“桃花流水鳜鱼肥”，更是将古代太湖流域生态良好、水美鱼肥之景描绘得淋漓尽致。

太湖流域气候温和，物产丰饶，自古以来就是闻名遐迩的鱼米之乡。不只是岸上稻花飘香，水中更是鱼虾成群，素有“太湖八百里，鱼虾捉不尽”的说法，是当地人民的天然渔场。

何止太湖，长江都是流域人民天然的渔场。早在先秦时期，《诗经·小雅》中就有“鱼丽于罶，鲂鳢”“鱼在在藻，依于其蒲”“南有嘉鱼，烝然罩罩”等关于长江流域人民捕鱼、养鱼的记载。

物华天宝，大江厚馈。长江水系支流众多，流域面积广阔，水量充沛，终年不冻，得天独厚的自然地理环境，具有强大的涵养水源、繁育生物、释氧固碳、净化环境等功能，造就了时空差异显著、生物多样性极其丰富的流域生态系统，是我国珍稀水生生物的天然宝库，也是地球上极其重要的淡水水生生物基因库，拥有水生生物 4300 多种，其中鱼类 400 多种，有 170 多种为长江特有，素有“中国天然鱼仓”之称。

由于鱼类资源丰富，生活在长江之滨的人们，很早就将鱼当作食材，司马迁在《史记》里记载“楚越之地”有“饭稻羹鱼”的饮食习惯。在古代还有“无鱼不成宴”的说法，说明鱼肉在江南餐桌上占据了重要的位置。

鲈鱼、鳜鱼、武昌鱼……古人诗词中常见的这些江湖美味，均出没在长江里。

鲈鱼味美无比，令美食家流连忘返，它还有独具一格的文化底蕴，是很多古人推崇的美食。最著名的莫过于西晋才子张翰。当年他眼见晋室内乱未已，为避祸端，写下了著名的《思吴江歌》：“秋风起兮佳景时，吴江水兮鲈正肥。三千里兮家未归，恨难得兮仰天悲。”诗人借思念家乡的鲈鱼，辞官回到江东，传为千古美谈。唐宋诗词中，咏叹鲈鱼鲜美的作品亦是屡见不鲜。如李白正话反说“此行不为鲈鱼鲙，自爱名山入剡中”；赵嘏逗留江南不愿留居长安是因为“鲈鱼正美不归去，空戴南冠学楚囚”；元稹念念不忘“莼菜银丝嫩，鲈鱼雪片肥”；欧阳修在贬谪途中还在回味“莼菜鲈鱼方有味，远来犹喜及秋风”。

鳜鱼又称桂鱼、季花鱼、花鲫鱼、鳌花，肉多刺少，丰腴细嫩，鲜美可口，历来被视为“鱼中上品、宴中佳肴”。一年四季中，春季的鳜鱼最为肥美，被称为“春令时鲜”。这一点，宋人也深有体会，《山家清供》中记载的“莲房鱼包”，是宋代著名菜肴。其做法是将鳜鱼肉切成丁，用酒、酱、香料拌和后，填入掏空的嫩莲蓬中，上屉蒸熟。宋代诗人叶岂潜专门写《鳜鱼》诗赞道：“渔翁今度笭箵富，正是桃花水腻时。网得文鳞如墨锦，贯来杨柳是金丝。”陆游隐居时过的就是“船头一束书，船后一壶酒。新钓紫鳜鱼，旋洗白莲藕”的生活。

武昌鱼，产于湖北鄂州市梁子湖与长江交汇处的樊口一带水域。据《三

▲
安徽南陵奎湖渔业丰收

►
中华鲟被放流长江

国志》载，东吴甘露元年（265年），末帝孙皓从建业（今南京）迁都武昌（今鄂州），达官贵人怨声载道，他们引用“宁饮建业水，不食武昌鱼；宁还建业死，不止武昌居”的民谣，作为反对迁都的依据，这段史实使武昌鱼声名大噪。关于武昌鱼的诗词历代多有，如南北朝诗人庾信“还思建业水，终忆武昌鱼”，唐代诗人岑参“秋来倍忆武昌鱼，梦着只在巴陵道”，宋代诗人范成大“却笑鲈乡垂钓手，武昌鱼好便淹留”。1956年6月，毛泽东在武汉横渡长江后，品尝了清蒸武昌鱼，并写下著名的《水调歌头·游泳》，开篇即“才饮长沙水，又食武昌鱼”，从此武昌鱼名扬海内外。

长江还有许多特有的名贵鱼类，如中华鲟、胭脂鱼等，特别是产自长江入海口的“长江四鲜”——银鱼、刀鱼、鮰鱼、鲥鱼，尤为珍贵。女作家张爱玲曾感叹人生三恨：一恨鲥鱼多刺，二恨海棠无香，三恨《红楼梦》未完。这里的“恨”，不是“怨恨”，而是“遗憾”，遗憾鲥鱼虽然鲜嫩美味，却因多刺而无法尽兴品尝，可见她对鲥鱼的喜爱。

当然，长江里数量最多的还是号称“四大家鱼”的青鱼、草鱼、鲢鱼、鳙鱼，这也是人们餐桌上最常见的鱼类。青鱼又叫螺蛳青，身体呈青黑色，鳍为灰黑色，外形略呈圆筒形，栖息在水域底层，以螺蛳、蚬、虾和水生昆虫为食，在“四大家鱼”中生长速度最快。草鱼又叫鲩鱼，身体颜色淡黄，形状略呈圆筒形，与青鱼相似，生活在水域的中下层，以水草为食物。鲢鱼又叫白鲢，体色银白，体形侧扁，呈纺锤形，生活在水域上层，以硅藻、绿藻等浮游植物为主食，性情急躁，善于跳跃。鳙鱼又叫花鲢，因头部较大，俗称“胖头鱼”，背部及体侧上半部微黑，有许多不规则的黑色斑点，腹部灰白色，鳍呈灰色，上有许多黑色小斑点，体形与鲢鱼相似，栖息在水域的中上层，以浮游生物为主食。

长江是我国生物多样性最具典型性的一条河流。过去，长江渔业在我国淡水渔业经济中具有举足轻重的地位。20世纪60年代初，长江鱼类捕捞年产量最高有近50万吨，占全国淡水捕捞产量的60%；“四大家鱼”、鳗鱼苗种最高年捕捞量分别达300亿尾和2亿尾。进入20世纪90年代，主要渔业对象的种类减少到20种左右。21世纪初，年均捕捞量下降到10万吨。

2013 年夏天，一支科考队跨越 5 个省（区、市），行程逾 4000 千米，对长江上游地区进行综合性考察。考察结果显示，整个长江上游鱼类资源面临重重威胁，“四大家鱼”卵苗发生量急剧下降，由 20 世纪 50 年代的 300 多亿尾，降为当时的不足 1 亿尾。金沙江流域历史监测鱼类 143 种，而此次科考仅仅发现 17 种鱼类样本，其中还有 3 种系外来样本。

没有生命长江，何来美丽中国？2021 年 1 月 1 日零时起，一场为了“生命长江”永葆青春、永续发展的“长跑”启幕——长江流域“一江两湖七河”等重点水域开始实行为期十年的禁捕。

目前，长江十年禁捕取得阶段性成效。截至 2022 年年底，长江监利段“四大家鱼”卵苗发生量从最低不足 1 亿尾提升到 78.7 亿尾。水产生物资源恢复趋势向好，江豚群体在鄱阳湖、洞庭湖、长江中下游江段出现频率显著提高，刀鲚时隔 30 年再次溯河洄游到达历史分布上限洞庭湖。

长江，钟灵毓秀，人杰地灵，自古就是一条文化气息充沛的大河，文源深、文脉广、文气足，千百年来薪火相传、弦歌不辍。

人文渊薮

长江，是一首流动的诗；长江，是一帧隽永的画。

长江，钟灵毓秀，人杰地灵，自古就是一条文化气息充沛的大河，文源深、文脉广、文气足，千百年来薪火相传、弦歌不辍。

舟楫之便、灌溉之利、鱼米之裕，给长江流域带来了富庶与繁华。富饶的东南财赋地，促成了江南人文薮。科举取士，唐代中榜登科者尚以北方士人占绝对优势，宋代开始科举及第比重逐渐南北易置，至明清科举入仕者，长江流域的江苏、浙江、安徽、江西已然排在天下诸省前列。

博大绵长的长江，气象万千，造就了一代又一代覃思巧智的风流人物，涤荡出一篇接一篇流芳千秋的精妙华章……留下时光永远抹不去的优雅与隽永，彰显着长江文化磅礴深邃的底蕴和博大悠远的魅力。

钟灵毓秀

翻开《中国成语大辞典》，我们会发现涉及“楚国”“楚人”的成语特别多，居于先秦各诸侯国之首。

筚路蓝缕、一鸣惊人、问鼎中原、金石为开、百步穿杨、毁家纾国、下里巴人、阳春白雪、曲高和寡、高山流水、从善如流、惟楚有材……这些承载着数千年荆楚文化信息的成语，有的深藏于《老子》《庄子》等饱含楚文化智慧的经典之中，有的至今仍被鲜活地运用于我们日常语言中，从一个侧面反映了脱胎于长江的楚文化之博大精深。

特别是“惟楚有材”一词，精练地概括了长江流域钟灵毓秀、人杰地灵的地域特性。或许正是长江大开大阖、纵横万里的宏阔气象，广纳百川、不择细流的气度，才能滋养一代又一代境阔意丰的豪杰之士，才能让文人墨客挥写出一首又一首浪漫瑰丽的诗篇。

早在先秦时期，这里就诞生了老庄哲学思想和屈原骚体诗歌，从一开始就为长江文化抹上了浪漫、灵动、轻盈的色彩。老子和庄子是春秋战国诸子百家中道家学派的重要代表，并称老庄，他们都生活在山川迤逦又生活富足的楚地，故其治学并不注重解决实际事务，而是兴致勃勃地去探究自然和宇宙之“道”，主张天人合一、回归自然、适可而止、清静无为。屈原与《楚辞》，在战国时代，是“虽与日月争光可也”的存在，代表了当时文学的最高峰，是那个时代的最强音，其表现出的对人类、对重大问题——理想与现实、战争与和平、命运与奋斗、生命与爱情等多方面的深刻理解，早已成为中华民族精神的组成部分。

或许是因为远离历代政权中心，少受王权桎梏和儒家正统思想的约束，秦汉一统后，在灵山秀水间自由生长的长江文化，更富有开放意识和开拓思想。东汉科学家、文学家张衡，生长于南阳郡（今河南省南阳市），自幼勤敏好学，年轻时游学四方，在天文学、数学、地理学等方面都取得了极高的成就，发明了浑天仪、地动仪，为我国天文学、机械技术、地震学的发展做出了重要贡献。更难得的是，张衡不仅是一位杰出的科学家，也是一位著名的文学家，他创作的《归田赋》等一批辞赋，推动了汉赋向清新爽丽、短小精悍、情境相生方向转变，开启了抒情小赋的创作时代，为述志赋注入巨大活力，因而他与司马相如、扬雄、班固并称“汉赋四大家”。值得一提的是，司马相如和扬雄也是长江流域人士，“汉赋四大家”中就有三个长江人。

博大的胸襟，让长江文化更具有包容性。东汉末年，中原板荡，文化中心洛阳残破不堪。当时管辖江汉、洞庭一带富庶之地的荆州相对稳定，聚集了数以千计从“关西、兖、豫”南下的士人，一时替代洛阳成为全国的人文学术中心。

东晋南北朝时期，南方政权虽然在政治、军事上无所建树，但在经济上迅速发展，文化日益昌盛，江南的文人将当时的文学、书法、绘画、音乐等艺术提高到前所未有的水平。浔阳柴桑（今江西省九江市）人陶渊明，在我国文学史上被看作开宗立派的诗人，被称为“隐逸诗人之宗”“田园诗派之鼻祖”，有五言诗 116 首传世。“结庐在人境，而无车马喧”“采菊东篱下，悠然见南山”“众鸟欣有托，吾亦爱吾庐”等诗句，质朴自然、直抒真情，为当时沉闷已久的文坛注入一股清泉活水，而他“不为五斗米折腰”的高亮气节，更是传颂千古。“书圣”王羲之，出身于魏晋名门琅琊（今山东省临沂市）王氏，幼时随家族南渡至长江下游一带，他在书法艺术上广采众长，备精诸体，冶于一炉，摆脱汉魏笔风，自成一家，尤其是他撰写的《兰亭集序》，笔势委婉含蓄、遒美健秀，被赞为“天下第一行书”，至今仍是我国书法艺术的最高峰。

隋唐之际，科举取士制度的确立与发展完善，打破了中原豪门大族对权力的垄断，让长江流域读书人有了登科入仕改变命运的希望，从而刺激人们竞相习文，所以在江南社会“民既富，子弟多入学校”就成为自然而然之现象。唐代诗人韦庄描述袁州（今江西省宜春市）“家家生计只琴书，一郡清风似鲁儒”，可见当地读书风气之盛，这成为长江文化兴盛发展的内在驱动力。一些游历、被贬谪或居住在南方的著名文人也对长江流域的文化发展起到了助推作用，如灿若群星的唐代诗人群体，没到过长江或没写过长江的少之又少。安史之乱后，长安“尺简不藏”，宰相元载不得不一方面“奏以千钱购书一卷”，一方面派“拾遗苗发等使江淮括访”。五代时期，后唐长兴三年（932年）史馆上奏，为了编修唐宣宗至昭宗四朝实录，需要购募图书，但“北土州城，久罹兵火，遂成灭绝，难可访求”，“伏念江表列藩，湖南奥壤，至于闽越，方属勋贤”，“固多奇士，富有群书。其两浙、福建、湖广，伏乞特降诏旨，委各于本道采访”。可见，中唐以后，不论书籍还是读书人，已多聚于南方。

物质文明是精神文明发展的前提。到两宋时期，长江流域的经济已远超黄河流域，北宋史学家范祖禹直截了当地指出：“国家根本，仰给东南。”经济繁荣终究会带来文化鼎盛，国家文化中心在北宋时南趋态势就已十分明显，至南宋时已经完全移于南方。就学术而言，北宋道州营道楼田保（今湖南省道县）人周敦颐创立了儒家理学思想，南宋徽州府婺源县（今江西省婺源县）人朱熹将其发扬光大并成为理学之集大成者。就文学艺术而言，宋代文坛数百年内一直是英才荟萃、名家辈出，著名文人如晏殊、欧阳修、苏轼、王安石、曾巩、黄庭坚、杨万里等全是长江流域人士，李清照、辛弃疾等南渡后也长期生活在南方。宋代诗词在风格、题材、情调等方面均具有浓郁的“南方文学”品性，在《全宋词》中出现的1331位词人中南方人士约占82.6%，《宋诗钞》中出现的100位诗人中有89位是南方人士。宋代的古文运动，是我国散文史上的一个里程碑，长江成为重要的书写对象，范仲淹的《岳阳楼记》、欧阳修的《醉翁亭记》、苏轼的《赤壁赋》等千古名篇，均是以长江流域的胜迹为写景抒情之对象。此外，长江流域及江南地区的书画艺术也更加发达，宋代四大书法家苏轼、米芾、黄庭坚、蔡襄都是南方人士，南宋四大画家除李唐外，马远、夏圭、刘松年都是江南人士。

文运南移，成为定格。至元明清时期，在长江流域，尤其是江南地区，深厚的文化底蕴滋养出了众多重视家教师承、以家族为纽带的文化世家。元代著名书画家、诗人赵孟頫，其妻管道升、子赵雍、外甥王蒙，均擅书画，有“绘画世家”之称。明代“吴门画派”宗师沈周，诗、书、画三绝，还精通医学，其家族就是一个典型的江南文化世家，他的曾祖父沈良、祖父沈澄、父沈恒、伯父沈贞、子沈云鸿、孙沈湄，一门六代诗人、画家，相承相继。清代启蒙思想家、浪漫主义诗人龚自珍的身上，亦有深深的家学渊源烙印，他的外祖父段玉裁是经学家、训诂考据学派大师，父亲龚丽正是嘉庆元年（1796年）进士，授内阁中书，一家人包括他的母亲段驯在内，都著有诗集、文集传世。

近现代著名学者梁启超、丁文江等对二十五部正史中的纪传人物进行过籍贯统计和研究，其结果不言而喻，越是往后的朝代，出生于南方的文化名人越多。据《明史》有关儒林、文苑的记载，当时全国著名儒生有115人，其中江西35人、浙江26人、南直隶18人、福建9人，东南四省儒生约占全国总数的76.5%。据《清史稿》有关儒林、文苑的记载，当时全国著名儒生、文士有203人，其中南方儒生170人，约占全国总数的83.7%。

滚滚长江东逝水，不知淘尽了多少风流人物。人文渊薮尽在江南，已是不争之事实。

流淌诗歌

大江东去，淘尽了千古英雄与风流人物，也留下了众多诗词佳作。从这个意义上来说，滚滚长江，还是一条流淌诗歌的文化之河。

历代文人墨客，出川入蜀，过三峡，下江陵，临洞庭湖畔，聚黄鹤楼上，登庐山之巅，听鄱阳雁鸣……他们或浔阳江边送别，或采石矶头赏月，或北固山下怀古，或咏叹“江水碧波长”，或高吟“两岸青山相对出”，或仰问“何处春江无月明”……他们把心血和才情倾注在长江，接力续写了一曲连绵不绝的长江文化之歌。

长江流淌诗歌的源头可以追溯到楚辞。楚辞是屈原在楚国民歌基础上开创的诗歌体裁，通过浪漫主义创作手法，以楚国方言声韵叙写长江流域的山川人物、历史风情，具有浓厚的地域特色和神话色彩。汉代时，刘向把屈原的作品及宋玉等人“承袭屈赋”的作品编辑成集，名为《楚辞》，这成为继《诗经》之后，对我国文学具有深远影响的又一部诗歌总集，并且是我国第一部浪漫主义诗歌总集。

屈原出身于楚国贵族，少年时受过良好的教育，博闻强识，志向远大，深受楚怀王信任，任左徒、三闾大夫，主管内政外交大事，领导变法，使楚国一度国富兵强，并领导各诸侯国合纵抗秦。然而好景不长，因楚国旧贵族的诬陷和秦国的离间，屈原逐渐为楚怀王疏远，郁郁不得志，被迫离开郢都。楚顷襄王三年（公元前 296 年），屈原被放逐于江南，长期流浪于沅水、湘江一带。他目睹楚国迅速衰落，倍感痛心，面对澎湃的江水，满腔忧愤从胸中喷薄而出——

岂余身之惮殃兮（我并非害怕自己遭受灾祸）

恐皇舆之败绩（我担心的是楚国要败亡啊）

…………

长太息以掩涕兮（我只好掩面垂泪而声声长叹）

▲
屈原故里龙舟赛

哀民生之多艰（可怜的人民生活多么艰辛啊）

…………

亦余心之所善兮（只要内心认为是正确的）

虽九死其犹未悔（纵使是死上九回我也绝不后悔）

…………

屈原这首在流放之地用生命呐喊而出的长诗，就是中国文学史上的不朽之作《离骚》。全诗是屈原带有自传性质的长篇政治抒情诗，也是我国古代抒情诗中独一无二的鸿篇巨制。诗中采取夸张、比兴手法，是现实主义与浪漫主义高度结合的杰作，标志着我国诗歌进入了一个由大雅歌唱到浪漫独创的新时代，是我国浪漫主义文学的源头之一，对后世文学创作产生了深远的影响。

屈原还写了许多不朽的诗篇，流传至今的有《九章》《九歌》《天问》等 20 余篇。这些不朽的诗篇，犹如一座宝藏丰富、风景秀丽的大山，横看成岭侧成峰，展现出不凡的成就和独特的风姿，成为中国文学史上的璀璨明珠，由此奠定了楚辞的历史地位。

公元前 278 年，楚国郢都被秦军攻破，屈原投江，以身殉国。这位生长于长江畔的伟大诗人，最终又回归长江的怀抱，留下“路曼曼其修远兮，吾将上下而求索”的箴言，激励着后世仁人志士为理想和信念而不懈奋斗。

如果说“举世皆浊我独清，众人皆醉我独醒”的屈原创造了我国浪漫主义文学的第一座高峰，那么千年以后，在长江上追忆、致敬屈原而吟叹“屈平辞赋悬日月，楚王台榭空山丘”的李白，则用他那“笔落惊风雨，诗成泣鬼神”的绝世才华，将我国浪漫主义文学推向了最高峰。

屈原与李白，两位才华横溢的诗人，一个“虽九死其犹未悔”，一个“天生我材必有用”，用跨越千年的遥叹，各自书写着怀才不遇的激愤与狂放，却又共同将长江文化推向无可匹敌的高度。

李白是唐代伟大的浪漫主义诗人，被后人誉为“诗仙”。他自幼随父迁居绵州彰明县（今四川省江油市），在长江的支流涪江边长大，长江的水土滋养了他可与日月争辉的文采。唐玄宗开元十二年（724 年），24 岁的李白“仗剑去国，辞亲远游”。他乘一叶扁舟，顺流而下，游历山水，在长江上下都留下了足迹。中年的他虽曾胸怀抱负入长安，未几却又匆匆离开，隐居庐山，最后病殁于安徽当涂。

李白一生与长江结缘，将生命融进了长江怀抱。他流传于世的 900 多首诗中，大部分写于在长江沿线漫游期间，或者说是为长江的山川而创作，有的清新飘逸，有的豪放不羁，有的意境浪漫，汇集起来犹如一幅宏大的水墨长卷，以不同的笔墨展示千姿百态的长江：“峨眉山月半轮秋，影入平羌江水流”“两岸猿声啼不住，轻舟已过万重山”“山随平野尽，江入大荒流”“孤

▲
白帝城

帆远影碧空尽，唯见长江天际流”“飞流直下三千尺，疑是银河落九天”“天门中断楚江开，碧水东流至此回”“巨海一边静，长江万里清”……这些家喻户晓的名篇佳句，遍布长江上下游，成为“山水文学”的典范。

杜甫以“诗圣”之誉与李白齐名，二人皆是唐代诗歌巅峰时期的代表人物，并称“李杜”。杜甫原籍湖北襄阳，出生于河南巩县（今河南省巩义市），安史之乱后长期漂泊于长江上中游一带，寓居蜀中的9年，不仅是他后半生中生活相对安定的一段时光，也是他诗作风格日臻成熟的时期。他在成都草堂写诗260多首，在梓州（今四川省三台县）及其附近写诗160多首，在夔州（今重庆市奉节县）写诗400多首。很多传世名篇，如被誉为“七律之冠”的《登高》及《秋兴八首》等都是作于这一时期。

唐诗是中华文化的瑰宝，唐代有姓名记载的诗人有2300多位，创作了5万多首诗歌，众多千古不朽的诗歌巨匠，或出生在长江流域，或长期生活在大江两岸，或钟爱江南风物，或贬谪、避乱于斯。除李白、杜甫外，陈子昂、孟浩然、白居易、刘禹锡、元稹、岑参、李商隐、杜牧、张继、皮日休、韦庄等人对长江的热爱与歌咏，在《全唐诗》中俯拾皆是。

诗歌是文人士子们抒发情意、宣泄块垒的方式。宋代苏轼被贬黄州（今湖北省黄冈市）后，完成人生极为重要的一词两赋——《念奴娇·赤壁怀古》《赤壁赋》《后赤壁赋》。他为“白露横江，水光接天。纵一苇之所如，凌万顷之茫然”的浩渺而感慨“逝者如斯，而未尝往也；盈虚者如彼，而卒莫消长也”，更因“乱石穿空，惊涛拍岸，卷起千堆雪”的激荡而彻悟“人生如梦，一樽还酹江月”。明代杨慎被发配云南，途中面对气势磅礴的长江，把历代兴亡当作谈资笑料以助酒兴，挥毫写下一阕《临江仙》，感叹“滚滚长江东逝水，浪花淘尽英雄”，“是非成败转头空”，唯有“青山依旧在，几度夕阳红”。

灿若繁星的诗人们，熔诗情、画意、自然、人生于一炉，发思古之幽情，把短暂与永恒、爱恋与痛苦、苍生与家国，流水般地倾泻给了长江，让长江也成了一部流动的诗史。

薪火相传

风声雨声读书声，声声入耳；
家事国事天下事，事事关心。

这副明末学者顾宪成题写于无锡东林书院的著名对联，在民间流传甚广，数百年来激励过无数知识分子发奋读书、以天下为己任。

书院是我国古代有别于官学的独立教育系统，一般由私人创办及管理，始于唐，经五代，兴盛于宋，延续于元，全面普及于明清。长江流域书院风气之盛，为学术交流与人才培养做出的贡献不可磨灭，对长江流域成为人才的渊薮，也不同程度地产生了影响。

唐代文化空前繁荣，一些文人在致仕之后，在家乡创建书院，开始主要用于个人藏书治学，后为鼓励族中后辈读书陆续开展了一些讲学活动。元和九年（814年），历任太常寺卿、国子监祭酒兼太子宾客的幸南容告老还乡，在洪城（今江西省高安县）创建桂岩书院，为鼓励族中后辈俊彦求学入仕，他在书院“开馆授业”，开辟了一种新的教学组织形式。桂岩书院在历史上几经废兴，幸氏子孙一直坚持读书，历代状元进士辈出，才子灿若繁星。据《幸氏宗史》记载，就读书院而中进士的幸氏学子有50多人。此外，“聚书千卷，以资学者，子弟弱冠悉令就学”的江西德安东佳书院，还有江西永丰皇寮书院、湖南衡山邺候书院等，均有读书讲学的记录见诸史书或地方志。尽管这些在当时只是个别现象，但是为后世书院的发展开辟了广阔的前景并产生深远的影响。

宋代重文抑武，以理学家为代表的知识阶层为了重振儒家文化而有意识地兴办书院，朝廷也对民间力量兴办书院持支持鼓励态度，“赐书、赐匾、赐田、赐官”，各地书院因此蓬勃发展，并且从唐、五代时那种只是兼顾聚徒讲学的私人读书治学之所，发展成由富商、学者自行筹款兴办的正规教育

机构，不仅有专门主持教学、行政管理的山长职事，还有规制化的讲堂、斋舍、祠庙、藏书楼等。

在宋代这股兴办书院的热潮中，长江流域又走在全国的前列，成为书院初兴的发祥地。据统计，宋代的379所书院中，有272所分布在沿江的江西、湖南、浙江、江苏、湖北、四川、安徽七省。

此后历元、明、清三代，书院一直在长江流域持续发展，数量和规模进一步增加与扩大，其中最为耀眼夺目、光照千秋的有江西庐山白鹿洞书院、湖南长沙岳麓书院、江苏无锡东林书院等。

白鹿洞书院位于庐山五老峰下的幽深山谷中，山光水色、清秀宜人，“无市井之喧，有泉石之胜”。史载南唐李渤曾在此隐居读书，养一白鹿自娱，人称“白鹿先生”，白鹿洞之名即由此而来。唐末兵乱，颜真卿之孙颜翊曾率弟子三十余人来此讲学。南唐

▲ 江西省永丰县欧阳修纪念馆

升元年间将这里建为庐山国学。北宋初年扩建为书院，一度遭大火焚毁，直到南宋重建后才复兴成为知名书院。

南宋淳熙六年（1179年），理学大宗师朱熹任南康军（今江西省庐山市）知军兼管内劝农事，他看中了白鹿洞深厚的文脉底蕴，认为此处是士子读书的好地方，遂组织重建了书院，制定办学条规《白鹿洞书院揭示》，明确“博学之、审问之、慎思之、明辨之、笃行之”的治学准则和培养目标，招收生徒亲自授课，教材就是他撰写的《四书集注》。他还奏请皇帝赐额及御书，吸引了陆九渊等一批理学大家来此讲学，实行相当于现今的导师制，教学形式上既有升堂讲说，又有自学体会，还鼓励切磋、质疑等。从此，白鹿洞书院成为一个重要的学术交流中心和文化中心，也是宋末至清初几百年“讲学式”书院的楷模，清代学者王昶在《天下书院总志序》中，称之为“天下书院之首”。

白鹿洞书院一千多年来历经沧桑，几度兴废，现存的建筑是清代道光年间所修。在静谧的山谷中，面对潺潺清溪，自西到东并排建有五处院落，一道青瓦围墙将之串联成片。庭前古木参天、绿荫掩映，林间泉清石秀、鸟语花香，是个难得的人间净境，而且这里有不少遗存的古迹，处处显出深厚的文化底蕴，令人目不暇接。

岳麓书院位于湖南长沙湘江西岸的岳麓山东面山下。岳麓山自古就是文化名山，自晋代以来，陶侃、马燧、裴休、杜甫等名贤曾纷纷在此寄寓结庐。北宋开宝九年（976年），潭州（今湖南省长沙市）太守朱洞在原僧人办学的遗址上，建立岳麓书院，聘任著名学者周式为岳麓书院首任山长。大中祥符八年（1015年），宋真宗赵恒亲自召见有民间兴学“义行”的周式，命其以国子监主簿之衔主持岳麓书院，并御书“岳麓书院”匾额，褒扬其沉潜坚守的品格，“于是书院之称始闻天下”，正式拉开了岳麓书院薪火相传、千年不辍的中国文化序幕。

南宋初年，湖湘学派代表人物、理学家张栻主教岳麓书院，主张将书院教学和治国平天下的经世济民活动联系起来，反对专攻科举取士的文辞之学，学院学风由此更加崇实，培养出了一批如吴猎、赵方、游九言、陈琦等经世之才。乾道三年（1167年），朱熹来访，与张栻论学，举行了历史上有名的“朱张会讲”。前来听讲者络绎不绝，时人描绘“一时舆马之众，饮池水立涸”。这次会讲，是我国古代文化史上的一件盛事，也让岳麓书院声名更加远播。而朱熹与岳麓书院也是缘分未尽，绍熙五年（1194年），“朱张会讲”27年之后，朱熹任湖南安抚使，再次来到潭州，重整岳麓书院，颁行《朱子书院教条》，岳麓书院再次进入繁盛时期。

虽为湖湘学派的大本营，但岳麓书院在学术上并不拘泥于一家之说，而是融合众家学术之长，颇具开放性，在研究课题和教育内容上也不断更新。自明代起，岳麓书院就出版师生的研究论著。清代道光年间，岳麓书院已在经堂下设科，似近代大学设院、系、专业。清末光绪二十九年（1903年），湖南大学堂与岳麓书院合并，改名为湖南高等学堂，增设“史学、舆地、算学、译学、掌故”等学科，书院藏书也增加了声、光、电、化、数、气象、机械、工程等120种400余本“西书”，几乎包括了国内当时翻译出版的介绍西方文化科学知识的全部书籍。

东林书院位于太湖之滨、无锡惠山脚下。北宋政和元年（1111年），曾在求学时于“程门立雪”的著名学者杨时来到无锡，见无锡东面有块地方

◂ 岳麓书院

与庐山的东林寺十分相似，便在此建了一处讲学场所，取名为“东林学社”。此后这里历经多次荒废与重修，直到明末才正式发展壮大，声名鹊起。明代万历三十二年（1604 年），被朝廷革职回家的顾宪成在地方官府与士绅的支持下，修复东林书院，倡导“读书、讲学、爱国”的精神，引起全国学者普遍响应，东林书院一时声名大噪。

明代中后期，书院已由教育组织发展成地区性乃至全国性的学术活动组织。东林书院就是当时一个重要的文化学术中心，它形成了一套完备的讲会制度，每年一大会，每月一小会，每次会期均为三天，推选一人为主持人。讲会之日，必举行隆重的仪式；讲学内容以“四书”为主，讲授时，与会者“各虚怀以听”，讲授结束，相互讨论，会间还以诗歌唱和，气氛十分活跃。

东林书院的另一个重要特点，即密切关注社会政治，将讲学活动与政治斗争紧密结合起来。东林书院要求学生关心国家大事，积极参与政治活动。顾宪成所题关于读书与天下事的那副著名对联，至今仍刻在书院旧址的石柱上。

20 世纪初，科举制度废除，新式学堂兴起，书院逐渐成为历史的陈迹。

千百年来，大江南北的琅琅读书声，一直不绝于耳。书院，这种独具特色的古代文化教育组织，赓续千年文脉，可谓长江文化薪火相传的火种与载体。

格物为器

北宋元祐三年（1088 年），一位厌倦了仕途沉浮的 58 岁老人，携妻室儿女前往风景优美、人文荟萃的江南隐居，在润州（今江苏省镇江市）东门外置地筑园，因此地“恍然乃梦中所游之地”，老人将其命名为“梦溪园”。这处不起眼的小庭院，后来和它的主人一起永载中国科技和文化史册。

这位老人就是沈括。宋代文化名人很多，但沈括是最特别的一位。按他的才华和人生经历来贴标签的话，他集政治家、科学家、文学家、工程师于一身。这样一位精通天文、数学、化学、物理学、气象学、地质学、地理学、农学和医学的跨学科奇人，即便退隐，也闲不住。他没有寄情山水，而是在梦溪园潜心著述，完成了驰名中外的科学巨著《梦溪笔谈》。

《梦溪笔谈》是一部综合性笔记体学术著作，包罗了沈括毕生研究科学的结晶以及广泛的见闻、深湛的见解，内容涉及我国古代自然科学、工艺技术及社会历史现象，博大精深，珠玑璀璨。全书30卷，其中《笔谈》正编26卷，还有《补笔谈》3卷、《续笔谈》1卷，共分故事、辩证、乐律、象数、人事、官政、权智、艺文、书画、技艺、器用、神奇、异事、谬误、讥谑、杂志、药议等17目609条。800多年后，英国科学史专家李约瑟读到《梦溪笔谈》时，誉之为“中国科学史上的里程碑”。

在数学方面，沈括首创了隙积术和会圆术，第一个推导出长方台形垛积的求和公式——隙积术；第一个根据扇形的已知弦、矢的长度推求出弧长的简单实用的公式——会圆术。在化学方面，沈括首先提出了“石油”这一科学命名，并预言中国石油很多，“生于地中无穷”，“此物后必大行于世”；他还利用石油不容易完全燃烧而生成炭黑的特点，首先创造了用石油炭黑代替松木炭黑制造烟墨的工艺。在天文学方面，沈括发明了“十二气历”，将四季二十四节气和十二个月完全统一起来，既可以和天文实际较好地吻合，又有利于农时的掌握和农事的安排，且“十二气历”与今日世界各国通用的阳历法基本一致。在水利方面，沈括所作的分层筑堰法和地形测量法，是世界水利史上的一大创举。此外，沈括在农学、医学、地质学、地理学等方面都有很高的成就及造诣。

沈括最伟大的发现是在物理学上。他在《梦溪笔谈》中记载了当时四种形制的指南针：一种是浮在水上的磁针，一种是搁在指甲上的磁针，一种是放在碗边上的磁针，还有一种是用丝线悬挂的磁针。通过试验，沈括发现粘在新的单股细长的茧丝上的磁针最易于运转，灵敏度高，但磁针“常微偏东，不全南”，这便是地磁偏角现象。这一发现早于西欧400多年，哥伦布1492年第一次横渡大西洋的时候，才发现磁针的偏角。

发现地磁偏角后，沈括继续试验，发现“以磁石磨针锋，则能指南”，即通过人工磁化法——用天然磁石摩擦钢针，使之带磁性，这样便制成了使用方便、效果较好的指南针。11世纪，指南针通过海上贸易传入阿拉伯地区，12世纪传到欧洲。人们在茫茫大海上航行不会迷失方向，之后大航海时代开启。谁能想到这都是来自东方的一根小小磁针的功劳呢？

指南针是我国古代四大发明之一，其发明者已不可考，但沈括在《梦溪笔谈》中对指南针用法的整理、总结和命名，可以说是世界上最早的指南针“使用说明书”。

沈括不仅自身科学成就卓著，还独具慧眼，发现了一位来自民间的布衣智者。这位智者就是发明了活字印刷术的毕昇。

在印刷技术发明之前，文字记录复制是以手写传抄方式进行的，费时费工，无法批量生产，极不利于文化传播。在唐、五代时期，我国已经出现了雕版印刷术，比起手抄是一大进步，但也有很大的局限性，就是一旦定版，便不容易改动，若有错字、别字需要改动，往往要整版全部重刻。青年沈括在家乡杭州读书时，于一家常去的书肆里认识了毕昇，发现这位来自蕲州蕲水（今湖北省英山县）的印刷工人特别爱钻研。他用细黏土做成许多小块，刻上字后放在窑里烧硬，成为一个个可以灵活排列和拆卸的字模。用这些活字排版印刷，可以一字多用，随时修版，比雕版印刷方便多了。沈括深知活字印刷术的价值，所以将它记载到《梦溪笔谈》里：“庆历中，有布衣毕昇又为活板。其法，用胶泥刻字，薄如钱唇，每字为一印，火烧令坚。先设一铁板，其上以松脂、蜡和纸灰之类冒之，欲印则以一铁范置铁板上，乃密布字印。满铁范为一板，持就火炀之，药稍镕，则以一平板按其面，则字平如砥。若止印三二本，未为简易；若印数十百千本，则极为神速。”不久，活字印刷技术传到国外，这是印刷史上划时代的技术革命，推动了世界文明的交流与传播。2010年11月，中国活字印刷术被联合国教科文组织列入急需保护的非物质文化遗产名录。

沈括总结编写指南针“使用说明书”，毕昇发明活字印刷术，分别是长江流域士大夫格物致知、探究真理，与劳动人民身体力行、制作为器的典范。

与指南针一样，活字印刷术也属我国古代四大发明之一，另外两大发明分别是造纸术和火药。

造纸术的发明者是东汉桂阳郡（今湖南省郴州市）人蔡伦。他因家庭贫寒，在汉明帝永平年间入宫当了宦官，汉和帝时升为中常侍，掌管宫内杂务。宦官专权是东汉政治的症结，蔡伦早开这种恶劣风气，在政治上他值得称道的地方不多，但他是一个优秀的技术人才，平时就喜欢搞一些发明创造。在担任尚方令期间，他感到书写使用竹、木简太笨重，要看的书简都得让人抬着，或者搬来，而另一种可以书写的缣帛，虽然轻巧，但造价昂贵，不能普遍使用。虽然西汉初期就有人已经发明了用于书写的纸，但十分粗糙，不经用。蔡伦反复琢磨，能不能在前人造纸的基础上，发明一种更好的纸？经过反复试验，他利用树皮、麻头、破布、旧渔网等为原料，创制出一种新的植物纤维纸。元兴元年（105 年），蔡伦把新制成的纸献给汉和帝，深得称赞。蔡伦所造的新纸不仅原料便宜，制法易行，而且质地坚韧，宜于书写，便于携带及装订成册，对古代文化的保存、传播与交流具有不可估量的作用。七八世纪时，造纸术传入朝鲜、日本及阿拉伯地区，又通过阿拉伯传往欧洲，对世界文明的传承和发展做出了不可磨灭的贡献。1978 年，美国学者迈克尔 · 哈特在《历史上最有影响的 100 人》中，将蔡伦排在第 7 位，远在大名鼎鼎的哥伦布、达尔文、爱因斯坦之前。1990 年 8 月，国际造纸历史协会第 20 届代表大会上，专家一致认定：蔡伦是造纸术的伟大发明家，中国是造纸术的发明国。

火药的发明具有一定的偶然性。炼丹炉内正炼着“仙丹”，青烟徐徐上升，不知道内里发生了什么反应，炼丹炉突然爆炸，还炸伤了炼丹的道士——火药就这样产生了。炼制“仙丹”祈求长生不老是荒谬和可笑的，但炼丹术的试验方法还是有可取之处——发明了火药。东晋著名炼丹家、医药学家，丹阳郡句容（今江苏省句容市）人葛洪在其著作《抱朴子 · 内篇》中对此进行了总结记录。火药在我国首先运用于制造烟花爆竹，不久后应用于军事，世界上第一支火箭继而发明。宋代火药武器运用已经相当成熟，出现了内装火药的突火枪。大约在13世纪，火药传入阿拉伯地区，然后传到希腊和欧洲乃至世界各地，推动了人类社会的进步。

这么说起来，我国古代四大发明都与长江流域有着千丝万缕的联系，也可视为长江对古代科技进步的独到贡献。

生活之本，技艺之妙。在漫长的历史进程中，长江儿女覃思妙构，巧夺天工，在日积月累的日常生活中，发明了许多源于生活、利于生活、装点生活的工艺与技术，不仅成为长江文化的特色，也在中华文化史上谱写了充满智慧和灵性的篇章。

长江流域幅员广阔，历史悠久，流域内自然风光叠加人文景观，神奇美丽，如诗如画。名山荟萃竞雄奇，江南水乡入梦来，古典园林甲天下，楼台亭阁多临观，使得长江既有一泻千里的豪迈气势，也有江山无限的万千气象。

江山胜迹

江山留胜迹，我辈复登临。

长江逶迤万里，一路欢歌，一路塑造，构筑了锦绣河山。两岸山水相连，自上而下，分布着雪岭冰川、草地沼泽、高山湖泊、峡谷急流、悬崖瀑布、奇峰溶洞、天坑地缝、七彩泉华、平原河网，各展风姿，各具风采。

长江流域幅员广阔，历史悠久，流域内自然风光叠加人文景观，神奇美丽，如诗如画。名山荟萃竞雄奇，江南水乡入梦来，古典园林甲天下，楼台亭阁多临观，使得长江既有一泻千里的豪迈气势，也有江山无限的万千气象。

美丽长江，浩瀚磅礴，大气多元。

徜徉其间，恰是春有黄花、秋有红枫、夏听涛声、冬临绝顶，真可谓人间胜境，令人流连忘返。

名山荟萃

或以雄取胜，或以奇博名，或以秀争爱，或以美邀宠。

长江浩荡奔流，自西向东，横截我国地貌高、中、低三级台阶，沿途分布有许多高山。这些山，有的以断块山崛起，有的因褶皱隆出，有的以花岗岩铸成，有的由变质岩塑就……雄奇秀美，千姿百态。

长江流域风景名山数量之多，为全国之冠，可谓名山荟萃。从上游往下游数，主要有贡嘎山、玉龙雪山、峨眉山、缙云山、金佛山、青城山、武陵山、衡山、武当山、大洪山、天柱山、庐山、井冈山、三清山、龙虎山、九华山、黄山、琅琊山、云台山、八公山、雁荡山、普陀山、天台山、钟山、北固山等。这些风景名山融自然景观和人文遗迹于一体，令人向往。

峨眉山位于四川乐山市西 30 多千米的峨眉县境内，包括大峨、二峨、三峨、四峨四座大山，通常所说的峨眉山是大峨。

“峨眉”之名，最早见于西汉扬雄《蜀都赋》：“南则有犍牂、潜夷、昆明、峨眉。”魏晋南北朝时期，关于峨眉山名称的记载逐渐增多。北魏郦道元《水经注》中所言“去成都千里，秋日澄清，望见两山相对如峨眉焉”，就是说的大峨、二峨两山相对，犹如美女一对修长而美丽的眉毛，山因此得名。峨，赞其高；眉，喻其秀。

“蜀国多仙山，峨眉邈难匹”。峨眉山雄踞四川盆地西南缘，是邛崃山的一大余脉，纵横200余千米，呈南北走向。大峨山主峰万佛顶，海拔3099米，平地一山耸峙，气势十分雄伟。从山麓至峰顶，曲径盘旋，直上云霄。山上有各种植物3000多种，其中有世界上稀有的珙桐、冷杉、桢楠等珍贵树种，各种各样的杜鹃花有60余种，所以被称为“植物王国”。林中还栖息着苏门羚、小熊猫、岩鸽、白腹锦鸡等1000多种动物，被称为“天然动物园”。峨眉山的猴子就更惹人喜爱了，被称为“山居士”，常常成群结队、大模大样地出没在山道上。

峨眉山景色清幽秀雅，山脉峰峦起伏，重峦叠嶂，气势磅礴。南宋诗人范成大赞曰“峨眉秀色甲天下”。沿山路漫行，清溪绿树，瀑布流云，气象万千。尤其金顶的舍身崖（亦称摄身崖），笔直如削，一落千丈，高差竟有600多米。登高四望，一道道身披林莽的山脊，犹如绿色巨龙，蜿蜒于烟波云海之中。在峨眉山巅看日出也是一绝，当东方微白时，天空橙红，红日喷薄而出，大千世界一派瑰丽。

峨眉山是我国佛教四大名山之一。唐宋时期，佛教大兴。明清时期，峨眉山香火更盛，大大小小寺庙有150余座，现在尚有二三十处。人们向往峨眉山金顶，不仅因为它地处高峰，还因为这里是一个宁静、奇妙、梦幻的世界。

庐山位于江西九江市南。相传商周时，有匡氏七兄弟结伴在此隐居修道，以草庐为舍，故称此山为匡庐、匡山。据《尚书·禹贡》和《山海经》记载，庐山曾有过天子都、南鄣山等名称。庐山一名最早见于《史记》。

山之骨在石，山之趣在水，山之态在树，山之精神在峭、在秀、在高。一座山，倘有其中一项即可著称于世，而庐山则无一不有，且无一不佳。庐山耸峙长江边，濒临鄱阳湖，江湖环抱间绵延着奇峰峻岭90余座，以海拔1474米的大汉阳峰为最高峰。这些峰峦千姿百态，形状各异，犹如九叠水墨屏风。五老绝峰，高可参天，云蒸雾绕，香炉瀑布，银河倒挂，奔雷轰鸣。

龙首崖峭壁危岩，山南秀峰玲珑俊俏，大汉阳峰高峻壮美，仙人洞纵览飞云，含鄱口吞尽湖光山色……苏轼“横看成岭侧成峰，远近高低各不同。不识庐山真面目，只缘身在此山中”的诗句，淋漓尽致地描绘出了庐山的雄奇险秀，真乃千古绝唱。

长江自出三峡后，两岸基本上就是平原了。庐山是这辽阔平原上的第一座大山，且风光秀美，故历朝历代登临者众。司马迁、陶渊明、谢灵运、李白、杜甫、白居易、范仲淹、苏轼、王安石、黄庭坚、陆游、朱熹、康有为等文学家、思想家、政治家、书画家，先后游历或隐居庐山，并留下 4000 余首诗词歌赋以及大量的碑刻、书画等文化遗迹，成就了庐山中国文化名山的地位。特别是宋代理学宗师周敦颐、朱熹先后在此创办书院、聚徒讲学后，庐山一度成为江南的文教中心。

黄山是我国东南第一名山，位于长江下游皖南地区，地跨歙县、太平、休宁、黟县四县，现置黄山市。原名黟山，因峰岩青黑，峭壁、怪石多呈苍黛色、黟色而得名。相传黄帝曾在此山炼丹修道，唐天宝年间改名为黄山。

黄山上峰峦奇秀，怪石峥嵘，云海苍茫，泉瀑悬空。泰岱之雄伟，华山之峻峭，峨眉之秀丽，衡岳之云烟，匡庐之飞瀑，雁荡之巧石，黄山无不有之。明代著名地理学家、旅行家徐霞客在登临黄山后赞叹道：“薄海内外，无如徽之黄山。”后人常言：“五岳归来不看山，黄山归来不看岳。”

奇石、苍松、云海、泉瀑，是黄山景观的“四绝”。

黄山的峰石，在高高低低的峰峦中争相崛起，以奇取胜，以多著称，似人似物，似鸟似兽，情态各异，形象逼真。“金鸡叫天都”“仙人指路”“天狗望月”“狮子抢球”“仙女弹琴”等已被命名的怪石有 120 多处。

黄山的苍松，扎根于绝壁石罅之间，远看漫山遍野、葱葱茏茏，近观铁干虬枝、坚忍刚毅，显示出松树万古长青的生命力。最著名的当数山南的那株“迎客松”了，寿逾千年，形态酷似好客的主人迎接四面八方的来客。

黄山的云海，从山之巅俯瞰，如漫无边际的云雾之海，酷似蓬莱仙境。每当天气适宜、云海涌起时，被浓雾笼罩的山峰突然显露出来，层层叠叠、隐隐约约，飘动着的云雾如一层面纱在山峦中游曳，景色千变万化，稍纵即

▲
巫峡神女峰

逝，每一分每一秒都不一样。

黄山的泉瀑，奇特壮观。黄山有 16 泉、24 溪、2 湖。特别是温泉，无色无臭，可饮可浴，且具医疗价值，有“灵泉”之称。瀑布数九龙瀑、人字瀑最有名，前者如九条白龙从两峰间腾空曲折下泻，后者则呈人字形从石壁飞挂而下，蔚为壮观。

黄山还是一座瑰丽的艺术名山，以遗迹、书画、文学、传说、名人“五胜”名扬天下，宛如一座户外文化博物馆。黄山现有楼台、亭阁、桥梁等古代建筑 100 多处，多数呈徽派风格，翘角飞檐、古朴典雅；黄山现存历代摩崖石刻近 300 处，篆、隶、行、楷、草诸体俱全，颜、柳、欧、赵各派尽有；

历代文人雅士咏赞黄山的诗文有 2 万多首（篇），为黄山秀丽的风景更增添了不少文化色彩。

集秀美的自然风光和深厚的人文底蕴于一身的黄山风景区已成为世界上为数不多的同时拥有世界文化遗产、世界自然遗产和世界地质公园三顶桂冠的国家级公园。

过了黄山、九华山，长江再往下游去，已没有什么大山高山了。不过有几座山，虽不高大，却也颇有声名。

琅琊山，因欧阳修的《醉翁亭记》而负有盛名。

钟山，又名紫金山，因紫金山天文台而闻名遐迩。

还有镇江三山：金山因白娘子水漫金山的民间传说和“以寺裹山”的金山寺而为人熟知；北固山因关联着刘备、欧阳修、苏轼、米芾、辛弃疾、陆游等诸多历史人物和历史故事而出名；焦山则因矗立江中，是“中流砥柱”，而成为江防要地。

梦里水乡

田野星罗棋布，有时碧绿，有时金黄。

河流细细长长，迂回曲折，纵横交错。

小桥流水，摇船画舫，青砖黛瓦，烟雨楼台。

这或许就是人们印象中江南水乡的样子吧。

水巷小桥多，人家尽枕河。梦里水乡，一个充满诗情画意、让人心旌摇曳的美丽所在，数不完的桥、划不完的船、听不完的歌、逛不完的景，几乎就是“人间天堂”的代名词。

长江流域水网纵横，从上游到下游遍布的古城小镇，处处流淌着水乡的旖旎风光，处处散发着水乡的灵动韵味，有如一幅幅舒展在江畔的极美的水墨画，其中丽江古城、皖南古村落、周庄古镇，可谓从上游到下游各具特色

▲
江南水乡

的水乡景致的典型代表。

“历象眠山之西南陲，居庐骈集，萦坡带谷……”数百年前，徐霞客抵达丽江，用了16天的时间游历观访，并以诗意的笔触描绘了古城的风貌景象。在他眼中，丽江景致婉美、物阜民丰，是一个风俗淳厚、重礼尚仪的好地方。

丽江古城位于云南丽江市古城区，地处滇川藏交汇的核心地区，历史上是滇西北政治经济文化中心，是汉唐时代通往印度、尼泊尔等地的南方丝绸之路和茶马古道上的重要中转站，于宋末元初建城。

以玉龙雪山为屏，古城的身姿，因山而峭拔；伴长江涛声而居，古城的血脉，因水而流动。离丽江古城约15千米的玉龙雪山，山顶终年积雪，可以说是一座固体水库。山上的雪水融化后汇集到了黑龙潭，然后穿过古城，分为中、西、东三条溪流，进入每一条街巷，把丽江变成一座建造在水上的古城。古城的布局“以水为脉，顺其自然”，依山势、顺水流而建的街道，均以五彩花石铺就，湿润却不泥泞。四方街是丽江古城的中心，聚集着众多的商铺和小摊。连接着古城纵横交错的街道的，便是那些架在流水之上的各式各样的古桥——拱桥、石板桥、双孔桥、多孔桥，等等。

潺潺的流水，幽深的里巷，厚重的石桥……进入古城，便能感受到一种“不是江南，胜似江南”的舒适感，丽江因此被人们称为“高原姑苏”，即有江南的风雅、江南的景致。当最后一抹落日的余晖消失在玉龙雪山后面的时候，大红灯笼透着柔和的光芒，点缀着一间间店铺。脚踏在湿润而古老的石板路上，看着沿街小河里漂浮着各色的河灯，仿佛置身于虚幻世界之中。这时，在古城的一条小街上，响起了悠扬动听的古乐，纳西古乐表演开始了。演奏者一律是鹤发白须的老人，他们身着长衫马褂，古风古韵，一种恍若隔世的安逸和闲适之情油然而生。

久居城市钢筋水泥建筑丛林的人们，大多有回归田园的憧憬。那么，如果去皖南，那些静卧在山间河畔的一个个古老村落，应该能帮人们缓解些许乡愁。

皖南这些村落主要集中在古徽州的一府六县：黄山、歙县、黟县、休宁、祁门、绩溪、婺源。那一带群山连绵，交通不便，却挡住了战争的劫难，使这些古民居能幸存下来，与好山好水一起营造了这个世外桃源。已被收入世界文化遗产名录的西递村、宏村就是其中的代表。

西递村地处黄山南麓，现为安徽黟县西递镇下辖行政村，始建于北宋皇祐年间，发展于明代景泰中叶，鼎盛于清代初期。和众多古村落一样，“西递牌楼”是西递村的门户与标志。村子四面环山，有三条溪流穿村而过，民居大多临水而建，精雕细刻的入口门楼、突出高耸的马头墙、粉墙黛瓦的房屋，尽显历史韵味。无论是街旁的石凳，还是巷里的水井、跨溪的石板桥以及小型广场，都保留了明清原貌。村中鳞次栉比的古民居好似船身，村口高大的乔木和原有的13座牌坊如同船上的桅杆，大片良田簇拥着整个村庄，整个村子就像一艘大船

皖南古村落

停泊在宁静的蓝色河湾里。“山墙仿船，水之西递”，船形的古村，也是画家极好的写生对象，整个村落就如同一幅铺在皖南大地上的水墨画。

▲
宏村

宏村距西递村 10 千米，现为安徽黟县宏村镇下辖行政村，始建于南宋绍兴年间。宏村民居的特点是开创了徽派建筑里别具特色的水榭民居模式，村内清渠绕户，溪流潺潺，宛若轻柔的银带蜿蜒村中。村民大多将水引入宅内，入宅的水流约一尺宽，清澈见底的水带弯弯曲曲地穿堂过户，静静地流淌，这就形成宏村特有的“水院”。徽商在江浙一带经商多年，十分欣赏江南水乡小桥流水人家的景色，于是在修建自己家园的时候，便吸收了江南建筑和庭院的风格。最能体现宏村水景观的是南湖和月沼。

南湖素有“黄山脚下小西湖”的美誉。湖面，波光潋滟；湖中，碧荷飘香；堤岸，杨柳轻舞。无论是南湖还是月沼，都在青山环抱中衬托着古朴的建筑，又始终洋溢着鲜活的气息。

“江南好，风景旧曾谙”，白居易忆江南时，印象最深的是“日出江花红胜火，春来江水绿如蓝”，他最念念不忘的还是江南的水乡。

周庄，就是江南水乡的典型代表。位于苏州城东南的周庄，地处江南水乡腹地，古代称“摇城”“贞丰里”。北宋元祐元年（1086 年），因周姓迪功郎捐 200 亩地建全福寺，老百姓感其恩德，遂改称“周庄”。浩瀚的太湖水和浓郁的吴文化把周庄滋养得美丽又灵动，使得周庄从众多水乡中脱颖而出。当代著名画家吴冠中走遍南方写生后盛赞“周庄集中国水乡之美”，海外媒体也称周庄为“中国第一水乡”，无怪乎坊间有“上有天堂，下有苏杭，中间有个周庄”之说。真可谓“无周庄，不江南”。

水是周庄的灵魂。周庄是一个“岛中之镇”，四面环水，被太湖流域的河港湖汊簇拥着，犹如一朵浮在水面上的睡莲。自古以来，因水成街，因水成路，南北市河、后港河、油车漾河、中市河，形成井字形的水道骨架，河道密织，贯穿古镇，古民居、古街沿河布置，形成一派临河而居、傍河而市的水乡特色；水上的 14 座古桥凌于水面，犹如一道道静谧的彩虹，构成一幅典雅、质朴的水乡立体画卷。全镇桥街相连，深宅大院，重脊高檐，河埠廊坊，过街骑楼，穿竹石栏，临河水阁，“小桥、流水、人家”完美地结合在一起。

得天独厚的地理优势既为周庄的水上贸易提供便利，又使周庄免于兵火战乱的侵扰，从而使周庄保存了较为完整的格局形态。位于古镇中心位置的双桥最能体现周庄的神韵。双桥始建于明代，由一座石拱桥——世德桥以及一座石梁桥——永安桥组成，桥面一横一竖，桥洞一圆一方，样子很像古代的钥匙，所以又称钥匙桥。1984 年，一艘小船载来了向往江南水乡的旅美画家陈逸飞，他把周庄的双桥搬进了油画《故乡的回忆》里，随后在美国展出，引起不小的轰动。翌年，该油画被选为联合国的首日封，把周庄的水乡美景带到了世界各地。

周庄

江南园林

江南美，美在山水，美在田园，美在古镇，还美在一处处微型景观——古典园林。苏州、杭州、南京、扬州等地那一个个“虽由人作，宛自天开”的园林，实在是江南献给世界的又一张制作精巧的中国名片。

“凝固的诗，立体的画”，这 8 个字形象生动地概括了我国古典园林的艺术特性。运用建筑、流水、土石、花木构成的幽雅精巧的园林，布局以小空间、短距离而包容大天地，既可望、可行、可游，亦可居住，能达到足不出户而获山水之乐、身居闹市而获林泉之趣的效果，尤其能满足中国古代士绅追求清高出世又不放弃享受的精神需求，所以历代达官贵人多愿出巨资建造园林。根据建造风格，我国园林可以分为江南、北方、巴蜀、岭南四大体系。六朝以来，江南经济发达，成为官僚地主、士大夫和巨富豪强的消遣享乐之地，他们纷纷斥资兴建园林，从而使长江流域成为园林荟萃之地。

江南园林号称“甲天下”，苏州园林则直接“甲江南”。苏州古典园林溯源于春秋，发展于晋唐，繁荣于两宋，全盛于明清。据记载，苏州在明代有园林 271 处，清代有园林 130 处，较具代表性的有拙政园、留园、沧浪亭、狮子林等。

拙政园是一座大观园式的古典豪华园林，被誉为“天下园林之母”。初为唐代诗人陆龟蒙的住宅，元代时为大弘寺。明代正德四年（1509 年），御史王献臣归隐苏州时买下大弘寺地块拓建为园，聘吴门画派代表人物文徵明参与设计，历时 16 年建成，借用西晋著名文人潘岳《闲居赋》中“灌园鬻蔬，以供朝夕之膳……此亦拙者之为政也”之意境，命名为“拙政园”。园子建成后不久，王献臣去世，其子在一夜豪赌中，将整个园子输掉。500 多年来，拙政园屡屡换主，一度被一分为三，有的成私园，有的为官府所有，有的作民居。直到 20 世纪 50 年代，才合三为一，恢复拙政园旧名，1954 年对外开放。全园占地面积 78 亩，是苏州面积最大的古典山水园林，分为东、中、西三部分。总体布局特点为东疏西密，绿水环绕，水面面积约占全园面积的 1/3，水是全园的纽带和灵魂。东部地势空旷，平岗草地，竹坞曲水，天泉亭等亭阁点缀其间。中部以远香堂为主体，山水明秀，亭榭典雅，花木繁茂，是全园的精华所在。西部水廊逶迤，楼台倒影，清幽恬静，三十六鸳鸯馆和十八曼陀罗馆等体现出江南建筑的精巧。

留园始建于明代万历二十一年（1593 年），以园内建筑布置精巧、奇石众多而知名。整个园林采用不规则的布局形式，大致可分为中、东、西、北四个区间。中部以水景见长，是全园的精华所在；东部以曲院回廊的建筑取胜，有著名的佳晴喜雨快雪之亭、林泉耆硕之馆、还我读书处、冠云台、冠云楼等数十处斋、轩，院内池后立有三座石峰，居中者为名石冠云峰，两旁为瑞云、岫云两峰；北部则为乡村田园风光，并辟有盆景园；西区是全园最高处，有野趣，以假山为奇，土石相间，堆砌自然。一个园林中能领略到山水、田园、山林、庭园四种不同景色，使留园成为江南园林艺术的杰出典范。

沧浪亭是苏州现存众多园林中历史最悠久，且是唯一基本保持了旧有规模和风貌的宋代园林。全园布局自然和谐，构思巧妙，有“写意山水园”之誉。据史料记载，沧浪亭始建于五代，后因连年兵燹荒废。北宋庆历年间，名士苏舜钦拓展修葺，营造亭园，命名为沧浪亭，并写了一篇颇有名气的《沧浪亭记》。南宋绍兴年间，此园一度为抗金名将韩世忠的府邸。园内亭台楼阁，池石花木，参差各处，别有一番天地。

狮子林以假山著称，有道是“苏州园林甲江南，狮子林假山甲园林”。园中的假山，多用历经千万年浪激波涤的太湖石垒叠而成，状似形态各异的狮子，故名“狮子林”，为元代园林的代表，至今已有 600 多年的历史。狮子林虽缀山不高，但洞壑盘旋，嵌空奇绝；虽凿池不深，但回环曲折，飞瀑流泉隐没于花木扶疏之中，古树名木令人叫绝，楼台亭阁更是精巧细致，无愧为吴中名园。

“苏州好，城里半园亭”。作为大名鼎鼎的“园林之城”，苏州网师园、可园、艺圃、环秀山庄、怡园、耦园等园林，各有情趣。

江南园林是我国的国粹，但古典园林的经典之作，也不全在苏州。清代学者李斗在其笔记集《扬州画舫录》中评价江南名城时曾涉及各地园林：“杭

▲

苏州园林

州以湖山胜，苏州以市肆胜，扬州以园林胜，三者鼎峙，难分轩轾。”这样看来，至少在清代有人更推崇扬州的园林。这也难怪，园林盛，首先要地区盛。清代中期，乾隆皇帝六次下江南。为了讨皇帝的欢心，杭州、苏州、扬州等地官员大张旗鼓地打造园林，期盼成为御驾的驻跸之所，仅扬州一地颇具规模的园林就曾数以百计。

扬州的瘦西湖，原是一段自然河道，经过疏浚治理，巨贾富商在此大肆建造园林，形成了“两堤花柳全依水，一路楼台直到山”的胜境。不仅在瘦西湖，在与市井相连的“春风十里扬州路”上，园林也占很大的比重。有一说法是扬州“园林多是宅”，可以想象当时扬州园林之盛。园林的住宅化，表现在不论财力大小，只要稍微富裕之家，都可大可小、或繁或简地营造自己的园林之家。扬州现存主要园林还有个园、何园、西园、小盘谷等，其中尤以个园最负盛名。

其实，不管是苏州、杭州，还是扬州，都地处山清水秀、烟波万顷、风光旖旎的江南水乡。园林产生在江南，首先是秀丽的自然风光为建造园林提供了良好的自然条件。除此之外，我国经济重心南移后，百姓安居乐业，也为富商建造园林提供了必不可少的外部环境。随着由北向南的移民出现，江南成了人文荟萃之地，也集中了大量的能工巧匠，这才使得建造艺术园林成为可能。

一方园林，别有洞天，曲径通幽，叠山理水，集聚会、宴客、游乐、读书、吟诗、作画、对弈、品茗等场景为一体，体现了古人追求自然美和人文融合的审美情趣，是展现在东方大地上的文化标本。

临观之美

唐代元和十五年（820 年），御史中丞王仲舒重修滕王阁。十月，韩愈应王仲舒之请，作《新修滕王阁记》，首句便言“愈少时，则闻江南多临观之美，而滕王阁独为第一，有瑰伟绝特之称”。

韩愈作此记时年已 50 多岁，他少时的耳闻已然如此，可见早在中唐以前，“江南多临观之美”的说法已经有了。

在我国古代，楼阁被看作神圣、尊贵和威严的地方。历朝历代，无论是皇帝还是州府县官，都喜欢修建楼阁，或用来纪念大事，或用来宣传政绩，或用来镇妖伏魔，或用来求神拜佛，不一而足。这些楼阁多在临水之地兴建，取凭高远眺、极尽无穷之妙。或于楼中际会四方宾客，壮志激昂；或有迁客骚人登楼一游，低吟浅唱……皆可尽享临观之美。

唐代以后，名山上、大川畔的楼台亭阁越建越多，仅长江两岸的“临观之美”就比比皆是。自西向东，顺长江而下，粗略数数便有“五百里滇池奔来眼底”的大观楼、“秀甲天下”的甲秀楼、“浩瀚烟波寄怅惘”的望江楼、“留它为砥镇忠州”的石宝寨寨楼、“江亭依旧傍东风”的秋风亭、“水至此夷”

的至喜亭、“筑台而望”的昭君台、“屈子问天声犹在”的天问台、“万家忧乐到心头”的岳阳楼、“四面云山皆入眼”的天心阁、“看不尽鄂渚烟光”的晴川阁、“犹闻高山流水”的古琴台、“黄鹤一去不复返”的黄鹤楼、“一樽还酹江月”的酹江亭、“山头水色薄笼烟”的烟水亭、“一楼楚尾吴头”的浔阳楼、“襟三江而带五湖”的滕王阁、“问尔许英雄豪杰那个醒来”的醉翁亭、“醉来天子不能呼”的太白楼、“往事忆孙刘”的多景楼、“满眼风光”的北固楼、“万里长江一望收”的阅江楼……

2007 年 10 月，中国文物古迹学会历史文化名楼保护专业委员会官方认证的“中国十大历史文化名楼”为黄鹤楼、岳阳楼、滕王阁、大观楼、蓬莱阁、鹳雀楼、天心阁、阅江楼、钟鼓楼、天一阁，长江流域占七席。历来公认的我国古代四大名楼，长江流域占其三——黄鹤楼、岳阳楼、滕王阁，只有蓬莱阁是北方的。黄鹤楼、岳阳楼、滕王阁古称“江南三大名楼”，仅仅是这名闻天下、光耀古今的“江南三大名楼”，就足以证明韩愈“江南多临观之美”的论断非虚了。

黄鹤楼，位于湖北武汉市武昌区，矗立于长江之滨、蛇山之巅，为武汉市地标建筑。登楼远眺，极目楚天，俯瞰江流，自古有“天下绝景”之称。

黄鹤楼始建于三国时东吴黄武二年（223 年），最初用于瞭望守戍，其后因战乱多次被毁，但屡毁屡建。到了唐代，黄鹤楼发展为登临观赏的风景楼，特别是崔颢题诗《黄鹤楼》，融传说和写景于一体，令人油然而生发“思古之幽情”。后来李白游历长江，多次登临黄鹤楼，虽然他谦虚地表示“眼前有景道不得，崔颢题诗在上头”，却多次在“黄鹤楼中吹玉笛”，看“江城五月落梅花”，还在这里送别友人孟浩然，遥望“孤帆远影碧空尽，唯见长江天际流”。自崔颢、李白题诗歌咏后，黄鹤楼更是名扬四海。白居易、贾岛、岳飞、陆游、杨慎、张居正等名士先后登楼游赏，行吟作诗，

▲
黄鹤楼

留下了众多千古名句。

这座千古名楼，恍若被历代不朽诗文赋予了强大的生命力，在漫长的历史中，一次又一次在损毁后重建，以致“楼之兴废，史莫能纪”。到明清时期，武昌城已是“岿然一大都会”，而号称“全楚胜览”的黄鹤楼也“毁而愈新”，建造得更加雄伟壮观了。但清末光绪十年（1884年）的一场大火，使黄鹤楼再次被毁，直到1985年，一座新的黄鹤楼才重建落成。由于故址上建了长江大桥，新楼选址在蛇山“中峰倚红日”之处。它拔地而起，高耸入云，飞檐凌空，气势非凡。它的色彩古朴凝重，最为醒目的是层层飞檐遍用黄色琉璃瓦，高楼晴空，俨然一幅“白云黄鹤”的图画。

雄踞湖南岳阳市西门城头的岳阳楼，所处地理位置极好，俯瞰洞庭湖，遥对君山岛，北依长江，南通湘江。登楼远眺，一碧无垠，白帆点点，云影波光，气象万千。

一座楼阁，若没有名篇记述它，徒然耸立，就如同一个人虚有其表而不见精神。岳阳楼名闻天下，还是在北宋滕子京重修，请范仲淹“作文以记之”以后。范仲淹有过青少年时代的艰苦经历，也有过仕途上的无奈，故而能以乐观的态度看景观人，借楼而慨，一篇《岳阳楼记》名动四方，传诵天下。如果说，李白、杜甫、孟浩然等人的诗歌杰作还只是一种艺术渲染，那么，借助范仲淹的生花妙笔，《岳阳楼记》则直接使岳阳楼身价百倍，且美名永存。

千百年来，岳阳楼成为文人墨客心中的圣地，而登斯楼在相当高的程度上，是为了“览斯文”。登斯楼也，纵览浩瀚洞庭湖，蜿蜒山峦如黛，万顷银波中风帆点点，若沉若浮，神秘缥缈，神交古人，可谓得之极矣！

滕王阁，位于江西南昌市东湖区，地处赣江东岸，为南昌市地标性建筑。这座千古名阁，耸立在碧水缭绕的江心洲上，碧瓦丹柱，画栋雕梁，飞檐翘

岳阳楼 ▸

脊，高耸云天，巍峨壮观，一派大唐建筑风貌。

滕王阁的兴建，源自达官贵人游宴所需。唐代永徽四年（653 年），滕王李元婴任江南道洪州（今江西省南昌市）都督，为了既可览山川之秀，又可观歌舞之乐，建了滕王阁。22 年后，英姿勃发的名士王勃南下省亲路过洪州，受都督阎伯屿之邀，登阁赴宴，写下了脍炙人口的《秋日登洪府滕王阁饯别序》（简称《滕王阁序》），文中“飞阁流丹，下临无地”“落霞与孤鹜齐飞，秋水共长天一色”等名句广为传播，滕王阁从此名扬四海。此后，又有王绪作《滕王阁赋》、王仲舒作《滕王阁记》，与王勃的《滕王阁序》一起形成“三王记滕阁”的佳话。

1000 多年来，滕王阁兴废重建达 29 次之多。1985 年再次重建，新址距唐阁旧址仅百余米，在赣江、抚河交汇处，负城临江，遥对西山。暮秋之后，鄱阳湖区有成千上万只候鸟飞临，构成一幅活色生香的“落霞与孤鹜齐飞，秋水共长天一色”图，成为滕王阁的一大胜景。

“江南三大名楼”之所以能够历经千载而盛誉不衰，是因为三楼都有与其声名相称的诗文。从三大名楼本身来看，它们同属长江水系，水脉相通，风光相近，滔滔不尽的万里长江赋予它们一样的壮阔奇伟、一样的风光气韵。

清风遗韵、翰墨流芳，天下临观之美无过于长江矣。

既孕育文明、滋养万民，也带来灾难、摧毁家园。长江，就这样同时扮演着两种角色，在中华文明发展的历史长河中上演着一幕幕悲喜剧。

治国必先治水，成为先贤留给我们的古训。

伏波安澜，水旱从人，是长江流域人民千百年来的祈盼。

伏波安澜

或静流如歌，或汹涌狂暴。

和世界上的许多文明大河一样，长江在不同时段有着不同的状态和表情。

充满活力的大江，亿万年来生生不息，用甘甜乳汁养育着华夏儿女，用滔滔急流雕刻着如画山川。

桀骜不驯的大江，带来滚滚浊流，摧毁美丽家园，严重威胁沿江百姓的生命财产安全。

既孕育文明、滋养万民，也带来灾难、摧毁家园。长江，就这样同时扮演着两种角色，在中华文明发展的历史长河中上演着一幕幕悲喜剧。

治国必先治水，成为先贤留给我们的古训。

伏波安澜，水旱从人，是长江流域人民千百年来的祈盼。

洪患之苦

春天，鄱阳湖畔，水涨草丰，鸢飞鱼跃。

正在鲤鱼洲湿地与同伴嬉戏的一只小天鹅，突然伸起线条优美的长长脖颈，望向南方，有一股暖湿的风自那里轻轻吹来了。

世代传承的基因让小天鹅知道，这是长江雨季来临的讯号，北归的时候到了。于是它振翅而起，发出“kou——kou——”的清鸣，呼朋引伴，在湖区上空盘旋作别之后，顺着暖湿气流往北飞去，返回繁殖地繁衍后代。

海洋季风吹至内陆，候鸟北归了。

长江的雨季，也要来临了！

滔滔洪水，也将要来临了！

一场暴雨，千里劫难。

洪水，是江河之畔万物生灵挥之不去的梦魇。

在地震、洪水、干旱、台风等自然灾害中，洪水一直被认为是头号杀手。

洪水之害，《史记 · 河渠书》载：“甚哉，水之为利害也！”

▲
鄱阳湖

长江是一条典型的雨洪河流，其洪水主要由暴雨汇集而成。因流域面积大、支流多，长江集雨范围特别广。

每到夏季，来自太平洋、印度洋的两个暖湿气团常在长江中游和上游盘桓，形成两大暴雨区，这便是通常所说的“南水”和“川水”之来源。这两大暴雨区，一个是从南岭向北流水的地区，如赣江、湘江、资水、沅水，时间是在每年 4 月份至 6 月份，暴雨是从江西到湖南，由南向北、由东到西逐步发展的，即俗称的“南水”。另一个是四川盆地西部、北部、南部和三峡区间，也包括秦岭以南的汉水流域，时间是在 7 月份至 9 月份，也就是俗称的“川水”。

在降雨带从东南向西北正常推移的情况下，“南水”和“川水”是相互错开的，长江上游和中下游洪峰不会遭遇。但如遇气团移动情况反常，两大暴雨区同时降雨，“南水”与“川水”握手，汇合在一起，干支流及洞庭湖水系、鄱阳湖水系同时涨水，长江河道来不及宣泄，就会造成全流域性的严重洪涝灾害。荆江河段恰恰就处在“川水”和“南水”交汇之处，特殊的地理位置及气象条件，使得荆江河段自古以来时常洪水泛滥，故有“万里长江，险在荆江”之说。至今还留在人们记忆中的1998年那场大洪水，最危险严峻的一段也是在这里。

除了5—10年一次的全流域性大洪水，长江流域发生更多的是区域性大洪水，即在较大的区域发生高强度暴雨，也会形成罕见的特大洪水。

长江洪灾，一直是中华民族的心腹之患。

据考证，长江干流最早的洪水记载，始于公元前966—前948年的西周时期。

在秦汉以前，长江中下游沿江一带人烟稀疏，因此“江患甚少”，虽洪水泛滥，但社会损失有限。

从两晋时期开始，长江中下游人口迅速增长，农田面积也随之扩大，长江洪水对流域人民安居乐业的威胁愈演愈烈。

数千年来，长江两岸人民长期与洪水斗争，留下了无数的洪水题刻、碑记和众多水工程遗产。长江上游的古建筑、古城址，如宜昌的黄陵庙、云阳的张飞庙、丰都的城址、广安的白塔寺等，均与长江洪水有密切关系。方志中每次都记述“江水入城，舟行于市”。

而关于长江洪灾的文献记录，更是不忍卒读，字里行间，触目惊心。

从公元前185年至公元1911年，长江流域共发生较大洪灾200余次，平均约10年一次。其中规模最大、破坏力最强的一次，莫过于1870年长江特大洪水。这是有历史记载以来长江最大的一次洪水，为千年一遇。当年7月中下旬，长江上游地区发生历史上罕见的大暴雨。其后，暴雨缓慢移至汉江上游，使长江上游的洪水在冲出三峡后，又在中游与汉江的洪水相遇叠加，湖北“大雨时行，汉水陡涨”，“襄水横贯荆河，遏阻川水东下，荆川诸水，倒漾入湘，河湖因此并涨”。7月17日至20日，宜昌最大洪峰流量达10.5万立方米每秒，形成了长江千年一遇的特大区域性洪水。其受灾范围之大、灾情之重，为数百年所罕见，主要受灾地区为四川、湖北、湖南等省。有关地方志记载，四川合川县“大水入城深四丈余，水连八日，满城精华一洗成空，十余年未复元气”；湖北公安县全境淹没，“江堤俱决，冈峦宛在水中，水浸城垣数尺，衙署庙宇民房倒塌殆尽”，“大水溃城淹屋脊”。

1870年这场千年一遇的大洪水，在长江与洞庭湖之间冲出了一条松滋河，深刻改变了荆江两岸、洞庭湖区的河网水系布局，也对后来诸多水利工程建设起到了指标性的作用。无论是三峡工程还是荆江大堤，都以能防范应对1870年洪水为参考标准。

到了20世纪上半叶，因为沿江人口增加，发生于1931年、1935年和1949年的三场长江大洪水，造成的损失愈发惨重。

水患频仍，百姓难安，两岸人民世世代代祈盼治理长江。

抗洪壮歌

武汉江汉关钟楼，静静地伫立在长江与汉水交汇处，每天回荡着《威斯敏斯特钟声》的旋律，历数着岁月更迭中的沧桑巨变。

在近百年的时间里，江汉关见证了汉口的开埠与武汉的繁荣，也在水涨水落之间见证了长江防汛之变。

1931年7月，风雨飘摇，洪水泛滥。没过几天，江水从江汉关一带溢出，策马奔腾，冲进闹市。繁华的中山路上，浊浪滚滚，漫无边际，高楼、电线杆泡在水里，各种船只在通衢大道上往来奋楫。

8月中旬，武昌、汉阳也被洪水攻陷。至此，武汉三镇变成汪洋泽国，陆地行舟，商业停顿，百业俱废。

民众哭了，可是国民政府依然束手无策。浸泡在水中的江汉关，看着大武汉在洪水里瑟瑟发抖长达133天，霍乱、伤寒、痢疾等疫病蔓延，哀鸿遍野。

1954年7月，暴雨如注，一直不停。

江汉关背后的一间房子里，一个小孩子用搪瓷脸盆和陶瓷瓦罐接着从屋顶漏下的雨水，眨巴着小眼睛茫然地问：“妈妈，天是不是破了？”

空中的雨更大，江里的水更深，江汉关却出现了与20多年前不一样的一幕：在中国共产党领导下，抗洪抢险队和防汛预备人员以及负责巡堤的职员，日夜不停地在码头和大堤上驻守。每四人一组，每半个小时巡查一次，一步一步检查土堤。抗洪队员们一日三餐都在堤上解决，晚上睡在堤上的帐篷里。

近30万人组成的强大抗洪队伍，日夜战斗在抗洪第一线，不断地加高江堤与子堤。在“堤在人在，堤毁人亡”的悲壮口号感召下，他们用自己单薄的身躯，挡住了肆虐的洪水，武汉的江堤始终没有被冲溃。

后来，武汉人民在距江汉关不远处建了一座防汛纪念碑，上书毛泽东的题词：庆贺武汉人民战胜了一九五四年的洪水，还要准备战胜今后可能发生的同样严重的洪水。

1998年8月，长江挟风裹雨、浊浪翻滚。

在江汉关举目远眺，看到江对岸的黄鹤楼仿佛漂浮在江水之上，而在不远处的龙王庙闸口，更是险象环生，面临决堤的危险。

关键时刻，黄义成、唐仁清、李建强等16名共产党员签名宣誓，竖起了“誓与大堤共存亡”的木制“生死牌”。正是有无数这样的共产党员冲锋在前，万众一心，众志成城，战洪抢险，才确保了洪峰顺利过境。

那一张张彻夜不眠、强打精神的面孔，那一个个疲惫不堪、佝偻弯曲的腰身，那一道道清澈剔透、坚定踏实的眼神……被印记在江汉关下。

后来，有人写了一首《为了谁》，那动人的旋律至今传唱：“我不知道你是谁，我却知道你为了谁！”

2020年7月，暴雨，大暴雨，特大暴雨，“雨神”开启了它的“暴走模式”，特大洪水又来了。

江水汹涌，溪河高涨，长江中下游全线超警，部分支流甚至出现超保证水位洪水。建成近20年来未曾接触江水的汉口江滩观景平台，也有江水浅浅地漫上来，来江边看水的市民说：“快把黄花矶凉亭淹没了。”七轮强降雨、

▲
武汉江汉关

五次编号洪水接踵而至，江汉关前再一次水急浪高。

危急关头，长江中下游干流堤防筑起“钢铁长城”，上中游 40 座水库群组成“最强防洪军团”，用它们的坚实之盾挡住了洪水汹汹而来的步伐。无人机巡堤、钢闸门封堵，硬核“防汛神器”穿梭一线，杜绝了一切隐患和漏洞。

洪水俯首东去，英雄城市安然无恙。市民悠然自得地在江汉关下的江滩上散步休闲、跳舞健身，他们笑称：“只要心态好，哪里都是巴厘岛。”

百年江汉关，坐看长江水。

从千军万马守江堤、誓与大堤共存亡，到“不管风吹浪打，胜似闲庭信步”，江汉关见证的武汉抗洪之变，正是长江抗洪壮歌中最铿锵的那个音符。

御洪之策

水兴则邦兴，水安则民安。人类文明的发展，就是一部人与自然、人与水相处的历史。兴利除害、治水安邦，是其中永恒的主旋律。

事实上，中华民族 5000 多年的文明史，就是一部可歌可泣的治水兴利史。世界上所有的古大河文明，大多已消亡，只剩下由长江、黄河文明组成的中华文明。究其根本，很大程度上在于中国大河文明中治水兴利的特性。

华夏儿女在与洪水斗争的实践中，平水患、兴水利，认识江河、尊重自然，为文明积淀而不懈奋斗。《尚书 · 禹贡》在记述大禹治水时，多处提及大禹致力于疏通长江干流及支流的英雄壮举，“嶓冢导漾，东流为汉……岷山导江，东别为沱”，“导嶓冢，至于荆山”，“导岍及岐，至于荆山”，“岷山之阳，至于衡山；过九江，至于敷浅原”……此外，司马迁在《史记 · 夏本纪》中还有“云梦土为治”的记载。这说明大禹治水的足迹从长江上游的众多支流水系经过三峡直到长江中、下游的广大地区。

自大禹之后，历朝历代莫不把治水作为兴邦富民的首选方略，逐渐形成“善治国者必治水，善为国者必先治水”“水兴则邦盛，邦盛则民安，民安则天下太平”等传世之训，也创造了中华民族数千年“治水兴邦”的治国理念和文化传统。比如辅佐齐桓公登上春秋霸主之位的著名政治家管仲便说过，要治理好国家就要先治理好五种自然灾害，其中“水最为大”。

具体到长江流域，为了水旱从人、物阜民丰，历代都十分重视治水。随着我国经济文化重心逐渐南移，从两晋到唐宋以后，治理长江流域洪患成为安邦定国的大事。

大禹父子治水，一堵一疏，一败一成，清晰明了地证明，御洪之道，堵不如疏。然而，依水而生、逐水而居是人类生存与发展的自然法则。因此，随着江畔人口日益增长，筑堤挡水，以保卫城池和家园，依然是长江御洪之策的首选。

▲

长江水文测报

▲
九江长江城市防洪工程

长江堤防建设始于城堤的修筑。考古证实，湖北武汉市黄陂区境内的商代盘龙城，建于3500年前，该城城址一面临盘龙湖，一面临河，当时修筑的城堤具有防水和御敌的双重功能。

春秋时期，楚国雄踞长江中下游，防洪是必须直面的问题，辅佐楚庄王独霸南方的令尹（相当于丞相）孙叔敖主持在江汉地区兴修了一批堤防陂池水利工程，故有“堤防之设，始自楚相孙叔敖”之说。唐宋以后，围地垦殖的进度加速，圩堤、江堤出现并陆续发展。荆江大堤至宋代形成雏形，明代连成一线，有“始于晋、拓于宋、成于明”之说。其他长江干堤也逐步形成。洞庭湖区和鄱阳湖区，也在明清期间大量筑堤围垸。

虽然筑堤挡水是将水流归入河槽，并最终引导其流进大海，整体看来，

也是“疏”的一种，但是放在局部地区，这就是“堵”了。比如“险在荆江”的荆江河段，本就“九曲回肠”，蜿蜒狭窄，若再遇上“南水”“川水”两大巨头在此碰撞，洪水来量大大超过河道安全泄量，仅靠筑堤就未必挡得住。一旦堤防溃决，洪水就会漫流成灾，冲毁田园房屋，吞噬人们生命。

其实，长江中游以前是有一个用来疏导洪水的超大容积调蓄之地，那就是大名鼎鼎的云梦泽。秦汉以前，云梦泽是连绵不断的湖泊和沼泽，其全盛时的水面总面积达 26000 平方千米，能够有效地吸纳汇集至荆江河段的长江洪水，成为长江和汉江洪水的天然调蓄场所。

随着岁月推移，长江、汉江夹带的泥沙在湖盆沉积，云梦泽逐渐形成大面积洲滩。自汉朝起，人们开始垦殖开发，至两晋时期陆续筑堤围垸，并分段修筑堤防保护农田。

西晋永嘉之乱、唐代安史之乱、北宋靖康之变，使中原人口三次大规模集体南迁，南方人口逐渐超过北方，中国人口地理的中心也由黄河流域南移到了长江流域。

荆江地区人口的增长和活动区域的不断扩大，导致在长江洪水自然调蓄的广阔区域里，人们一方面围田垦荒，一方面筑堤围垸，在洪泛区扩大生存空间，从而出现了人争水地、水致人灾的局面。

唐代以后，洲滩围垦日多，云梦泽不断分割、解体和消亡，只残留一些蓄滞洪水的湖泊洼地。到北宋时期，云梦泽已经逐渐退化为湖沼，调蓄洪水的能力基本丧失。

从此，荆江的洪水只能顺流往南泄入洞庭湖。从 1524 年荆江大堤连成一线，到 1852 年荆江南岸藕池溃口前的 300 多年间，洞庭湖进入全盛时期，号称“八百里洞庭”，替代云梦泽发挥调蓄长江洪水的作用。

1860 年和 1870 年的两次特大洪水，是洞庭湖由盛变衰的转折点。1873 年开始，荆江洪水挟带的大量泥沙，从松滋口、太平口、藕池口、调弦口等四口分流进入洞庭湖，导致洞庭湖迅速淤塞萎缩。据 20 世纪 90 年代实测，平均每年有近 1 亿立方米泥沙淤积在洞庭湖，湖水面积已从 1852 年的约 6000 平方千米，减至 20 世纪 90 年代初期的 2691 平方千米，水域已经不及全盛时期的 1/6。

云梦泽消失了，洞庭湖萎缩了，长江也失去了天然的蓄洪池，每年夏季的洪水，成为长江中游两岸百姓最大的威胁。为了保卫家园的平安，人们不断地与洪水抗争，在洪水频繁发作的荆江沿岸，筑起了宽窄不一的圩垸堤坝。

荆江河床形成后，由于水流归槽，水位抬高，低矮的堤垸已不能抵御洪水。到魏晋时期，长江的江水紧逼江陵（今荆州古城）城南，直接威胁江陵城的安全。东晋荆州刺史桓温命陈遵在荆江北岸绕江陵城修筑护城堤坝，取名金堤。据《水经注》记载：“江陵地东南倾，故缘以金堤，自灵溪始。桓温令陈遵监造。”这是关于荆江大堤修筑的最早记录。

五代时，后梁将军倪可福在东晋金堤的下游、荆州古城的西门外又修筑了江陵寸金堤。北宋时，荆州太守修筑沙市堤；南宋时，筑黄潭堤，并加筑寸金堤。经过两宋的扩建和修护，荆江大堤已初具雏形。明代时，荆江大堤上段修筑至堆金台，下段修筑至拖茅埠。清代顺治七年（1650 年），堤防最终形成整体，长约 124 千米。

至此，区域性的圩垸最终连接成最初的荆江大堤。

可是，这条始建于东晋、全长约 182 千米、有着 1600 多年修筑历史的长江防洪重点堤段，并不能完全约束荆江肆虐的洪水。

荆江河段地势平缓，河道蜿蜒曲折，因此从三峡高山深谷里奔突而出的江水裹挟的大量泥沙，就在这一河段淤积，从而导致荆江河床已高过两岸平原。

明代嘉靖年间，分封在荆州的辽王朱宪节，为了给皇帝朱厚熜祈福，在荆江岸边修建了一座万寿宝塔。矗立在荆江大堤上的这座宝塔，还寄托着人们镇锁江流、降伏洪魔、保一方平安的美好愿望。然而，到今天，这座宝塔最引人注目的是塔身已经深陷荆江大堤堤面 8 米以下。这就是四五百年来，随着荆江河床不断抬高，两岸百姓不断筑堤的结果。

8 米，相当于 3 层居民楼的高度，它也时刻提醒着人们，荆江大堤的堤面与荆州城内的 3 层楼房处在同一水平线上，形成了“人在水下走，船在屋上行”的奇观。

一到汛期，长江在荆江河段就成为一条不折不扣的悬河——悬在人们头顶和城市上方的危险之河。

“荆沙不怕刀兵动，只怕南柯一梦中”，荆江地区流传的民谣，形象而辛酸地反映了当地老百姓每年汛期提心吊胆的心理状态——在巨大的水位落差下，荆江大堤一旦溃堤，江汉平原和洞庭湖区将是一片汪洋，“人或为鱼鳖”。

历史上荆江大堤溃决，造成严重灾害的事件并不鲜见。从明代弘治十年（1497 年）到清代道光二十九年（1849 年）的 300 多年里，荆江大堤溃堤

24 次，平均不到 15 年就来一次。

1935 年夏天的大洪水，使荆江大堤再度溃决，损失惨重。据当时出版的《荆沙水灾写真》记述：“荆州城外灾民，登时淹毙者几达三分之二。其幸免者，或攀树巅，或骑屋顶，或站高阜，均鹄立水中，延颈待食。不死于水者，将悉死于饥，并见有剖人而食者。”

荆江大堤是长江防洪治理的一个缩影。正如陆游在《入蜀记》中所提“堤防数坏，岁岁增筑不止”，但长江洪患并没有得到根治。

长江中下游水灾暴发的频次，唐代平均 18 年一次，宋、元平均五六年一次，清朝到民国基本上是 4 年一次，与长江流域人口增长速度成正比。

洪水无情！既然堤防挡不住超额的洪水，那就还得从老祖宗的疏导之策上想办法。

明清两代，就有水利学者在当时的工程技术水平基础上开展了长江洪水疏导分流实践——蓄洪垦殖。其具体做法是，在重要的城市和地区周边低洼地带，设立一些蓄洪垦殖区。在平常年份，没有洪水，这些地区可以耕种，这叫作垦殖；当遇到大洪水，这些地区又被用来分洪，蓄纳洪水，以减轻重要城市和地区的防洪压力，保证江堤安全，这叫作蓄洪。

虽然在当时生产力发展水平下，这些蓄洪垦殖区规模都不大，但这种“利用蓄洪区分蓄超标准洪水，待洪水退后再恢复生产”的过渡性方法，倒不失为一项迅速、有效、简单、经济的抵御较大洪水之策。新中国成立初期，新组建的治江部门长江水利委员会就借鉴了这一“蓄洪垦殖”的经验，在实地查勘的基础上，提出通过现代工程措施，建设一个可有效吞蓄洪水总量 50 多亿立方米的分洪区，用于分泄荆江上游巨大的超额洪水，降低沙市水位，以确保荆江大堤安全，同时，减少荆江四口注入洞庭湖的水沙量。这一工程就是著名的荆江分洪工程。

分洪，就是在洪水期间，将河道内不能容纳的洪水，分往其他河流、湖泊或洼地内，从而降低河道水位，防止堤防溃口。

兴建荆江分洪工程，是新中国向长江水患发起的第一个战役。1952 年春夏之间，30 万军民带着当家做主人的喜悦投入工程建设中，仅用了 75 天就建成了一期主体工程，令中外水利界赞叹。

谁也没料到，考验会接踵而至。仿佛是老天爷故意要为难这座“新中国第一”的大型防洪枢纽工程，两年后的1954年，长江发生百年一遇的特大洪水，荆江大堤告急！江汉平原告急！大武汉告急！关键时刻，荆江分洪工程挺身而出，三次开闸启用，分泄荆江河段超额洪水总量达122.6亿立方米，有效降低荆江河道水位近1米，不仅减轻了江汉平原和洞庭湖区的灾害损失，而且使武汉三镇和沿江城乡7500多万人民的生命财产安全得到保障。从此，荆江分洪区内产生了一个家喻户晓的口号：“分洪保安全，不分洪保丰收。”

1954年的长江抗洪斗争被载入史册，然而人们与长江洪水的斗争远未结束。尽管荆江分洪工程为1954年抗洪做出了巨大贡献，但长江和汉江干堤仍然溃口64处，损失十分严重，仅荆江两岸受灾人口就达208.7万人，受灾农田650万亩，武汉市被洪水围困100天左右，京广铁路100多天不能正常通车。

这场抗洪斗争，让水利专家对治理长江洪水灾害有了新的认识和思考。特大洪水，远非分蓄洪等单一措施所能完全化解，只有在长江干支流上建设控制性工程，实行综合利用，才能根治水患。他们把目光投向了荆江上游那段著名的峡谷——三峡，在那里兴建一座控制性水库，才能替代昔日的云梦泽，滞蓄、调蓄长江上游洪水。

按照长江水利委员会工程师们的初步设想，如果达到175米的最高蓄水位，三峡水库防洪库容就有200多亿立方米，这相当于4个荆江分洪区的蓄水量，足够滞蓄和调蓄长江上游洪水。

筑坝三峡，截断巫山云雨，堵则可蓄水，疏则能泄洪，这才是治理长江洪患的根本之策。

且看惊涛

黄牛岩，三峡坝区的制高点，以“土星化神牛，开山助禹治水”的神话传说而得名。

如今，黄牛岩以其独特的地理优势，成为俯瞰“高峡平湖”和“世纪大坝”的最佳地点。从黄牛岩顶西眺，2309米长的巨坝如银龙卧波，截断巫山云雨，彻底束住桀骜的江水，将其驯化为一面平湖。

这就是中华民族梦想了近一个世纪的“国之重器”——三峡工程。

三峡工程，是长江防洪的关键控制性枢纽工程，具有非凡的使命与担当，寄托着中华民族通过治水兴邦实现伟大复兴的梦想，是一部始终由中国人民自己谱写的恢宏史诗！

1994年12月，在1954年那场大洪水发生40年之后，三峡工程正式开工建设，机器的轰鸣声和建设者的号子声在这个云水激荡的峡谷上空回响。2009年，三峡工程全面建成，高峡平湖的壮丽画卷展现在世人面前。2020年11月1日，水利部、国家发改委公布，三峡工程完成整体竣工验收。

今天，岿然矗立在西陵峡口的三峡工程，已全面发挥防洪、发电、航运、补水、生态等巨大综合效益，成为长江上最醒目的新地标，也成为中华民族伟大复兴的重要标志。

其实，三峡工程在建设期就已逐步发挥防洪效益。

2003年6月10日晚，当三峡工程梯调中心的多媒体荧屏跳出“135米”时，现场雷动的掌声和相机的“咔嚓”声响成一片。长江三峡首次蓄水成库，坝前水位达到135米，电站首批机组发电，双线五级船闸试通航。这意味着三峡工程蓄水、通航、发电三大目标初步实现，进入初期运行。

这是一个历史性的时刻！

135米，在1870年夏天那场千年一遇的大洪水中，三峡库区巴东水位曾接近这一高程，长江上下数以万计的生灵被滚滚洪涛吞噬。

而今天，这个水位才只触摸到三峡大坝的“腰带”。三峡大坝挡住上游

▲

三峡工程泄洪

汹涌而下的洪水，留住一库清水，给人类带来安宁与福祉。

135米蓄水后，随着大坝节节攀高，三峡水库于2006年10月实现156米蓄水，进入初期运行；2010年10月首次达到初步设计的175米正常蓄水位，全面发挥防洪、发电、通航和补水等综合效益。

从此，巍巍大坝如镇守长江的雄关，一把“揽住”上游汹涌而下的狂暴洪水，将其纳入自己近400亿立方米的博大胸怀中，“安抚”为一面舒展平静的湖泊，为中下游地区带来安全感的同时，也打造出我国最大的淡水资源储备库和生态环境调节器。

2020年8月23日上午8时。这个时间，正是全国各大城市的交通早高峰。

同一时段，在长江三峡，另一个“高峰”，长江2020年第5号洪峰正裹挟着滚滚波涛而来，入库流量高达75000立方米每秒。

75000立方米每秒，这是三峡工程自2003年蓄水运用以来遭遇的最大洪峰流量。

这个最大洪峰有多大？以著名的杭州西湖类比，西湖的库容是1448万立方米，若以每秒75000立方米的流量向其输水，只需3分多钟就可以灌满一个西湖。

自2020年7月2日以来，三峡工程已成功应对了连续四轮编号洪水，洪峰量级分别为50000立方米每秒、58000立方米每秒、60000立方米每秒、62000立方米每秒，洪水一次比一次猛，一次比一次急。

到这次第5号洪峰时，直接飙至75000立方米每秒。此前，三峡工程迎来的7万量级以上的洪水仅有2场，洪峰量级分别为2010年70000立方米每秒、2012年71200立方米每秒。

为科学应对这次最大洪峰，最大程度减轻长江中下游防洪压力，长江水利委员会科学研判，调度三峡工程出库流量按49200立方米每秒下泄，削峰率达34.4%。这也刷新了三峡工程建库以来最大下泄流量的纪录。

2020年是一个非比寻常的年份。就在新冠疫情防控取得阶段性胜利，全国特别是长江沿线重疫区复工复产进入关键阶段之际，流域性大洪水狂涌而至。

沧海横流方显英雄本色。关键时刻三峡工程挺身而出，通过长江水利委员会科学调度，全年累计拦蓄洪量280亿立方米以上，相当于2000个杭州西湖水量，有效保证了中下游地区的安全，为沿江各地复工复产做出了重要支撑和保障。

如果没有三峡工程拦洪削峰，任由洪水接续扑向中下游，会有什么后果？这个后果其实在历史上多次上演——荆江河段超保证水位，汉口水文站超历史水位，长江上游洪水与洞庭湖、鄱阳湖洪峰“三碰头”，直接威胁江汉平原、交通动脉，蓄滞洪区可能要启用，上百万人面临转移……

千百年来，中华民族为治理长江水患历尽艰辛。

过去，缺乏工程措施调度洪水，修筑、加固堤防成为人们抵御洪水、保卫家园的主要手段。在荆江两岸，每年冬春都要组织50万到70万劳力挑土修堤，这就是当地人所说的“挑大堤”。

三峡工程，让“挑大堤”成了人们记忆中的往事。以三峡工程为骨干的长江防洪体系的成功建成，让下游群众在汛期不再提心吊胆，可以专心致志地发展经济建设。

作为治理长江的关键性骨干工程，三峡工程运行后，通过221.5亿立方米的防洪库容调蓄，可使荆江河段的防洪标准由十年一遇提高到百年一遇，有效保护了江汉平原和洞庭湖地区1500万人口及2300万亩良田的安全。如遇千年一遇的特大洪水，配合荆江分洪等分蓄洪工程的运用，能有效防止荆江河段发生干堤溃决的毁灭性灾害。

根据设计，三峡枢纽主要通过三种方式发挥防洪功能。一是拦洪，利用三峡防洪库容，拦蓄超过下游安全泄量的洪水，确保下游河道行洪安全；二是削峰，当长江下游防汛形势紧张时，通过三峡水库蓄洪，将上游来的大洪峰削减，减少水库出库流量并均匀下泄；三是错峰，在下游洪水较大时，科学调度水库，防止上游洪峰与下游洪峰相叠加，减小下游防洪压力，为长江中下游沿岸各地节省巨大的抗洪成本。

可以说，整个汛期三峡水库都处于随时拦蓄洪水的状态，并且一旦长江下游的防汛形势好转，三峡水库则抓住有利时机，加大出库流量，降低水库

▲
三峡工程

水位。这样，水库防洪库容通过“拦蓄—控泄—拦蓄”，不断重复运用，防洪功能可得到充分发挥。

2007 年 7 月，正在建设过程中的三峡工程首次发挥防洪功能。7 月 30 日和 31 日，工程两度削峰，拦蓄洪水超过 13 亿立方米，荆江沙市水位低于警戒线 3 厘米。

2012 年 7 月 24 日，71200 立方米每秒的洪峰顺利通过三峡大坝，三峡水库先后 3 次实施防洪运用，累计拦蓄洪水 200 多亿立方米。2016 年汛期，面对长江流域 1998 年以来的最大洪水，有关部门科学调度三峡及上中游 30 余座大型水库，拦蓄洪水 227 亿立方米。2017 年汛期，三峡水库连续 5 次压减出库流量应对长江中游地区洪水，缩短了洞庭湖城陵矶站超保证水位时间约 6 天。2020 年汛期，长江上游第 5 号洪水接踵而至，三峡水库从容应对，拦洪总量 280 亿立方米，为长江中下游干流防洪安全提供了强有力保障。

2019 年汛期，三峡工程总设计师郑守仁院士曾自豪地说，三峡工程蓄水运行以来，汛期长江干流堤防没有发生一处重大险情，安定了长江中下游沿江的民心，产生了巨大的社会效益。三峡工程按荆江补偿调度方案，多年平均减淹耕地 30.07 万亩，减少城镇受淹人口数 2.8 万人，多年平均年防洪效益为 88 亿元，工程防洪效益显著。

据统计，从 2007 年汛期至 2020 年 8 月底，三峡水库累计拦洪总量超过 1800 亿立方米，长江中下游地区岁岁安澜，为区域经济社会发展和人民群众生产生活营造了平安环境。正如荆江岸边的公安县老百姓所说：“总算把心放到了肚子里。”

伏波安澜于无声无息，荆江无险，武汉无忧。实践证明，三峡工程显著提高了长江中下游地区防洪能力，使荆江河段防洪形势发生了根本性改善。三峡工程建设前，国家在长江中下游确定了 40 处蓄滞洪区，总面积 1.2 万平方千米，耕地面积 705 万亩。三峡工程建成运行后，蓄滞洪区的宝贵耕地和建设用地资源得到释放，为当地经济社会发展建设带来了新空间、新机遇。

长江经济带是中国总量最大、腹地最广阔的经济区，也是全球最大的经济区。我们无法想象，一个没有三峡工程保障的长江经济带，将是怎样的发展现状和格局。

正是有了三峡工程，我们才有充分的理由相信，长江已经从“水患时代”进入“安澜时代”！

绯红的霞光逐渐散开，江面上吹来习习凉风，汉口江滩上，晨练的老人们悠然自得地打着太极拳，散步的小两口满怀欣喜地推着婴儿车，他们脚下不远处是滚滚东去的长江洪水。

这是连续 5 轮洪峰首尾相连、接踵而至的 2020 年夏天，长江中游重镇武汉江边的一个普通早晨。类似这样主汛期沿江居民闲庭信步看惊涛的情形，在荆州、九江、芜湖、镇江等长江沿岸城市随处可见。

今天的沿江人民，比起历史上任何时代，在滔滔洪水面前都更显从容和淡定。

洪波东去，且看惊涛！撑起这份底气和信心的，是完备的长江防洪减灾体系。

在这套体系下，新中国成立以来持续建设并不断补强的防洪工程措施，与科学有效并日益完善的非工程措施一起，携手构筑了一个牢固坚实的“伏洪圈”，护卫着长江。

已全线达标的3900余千米长江干堤，携手各支堤和湖区圩堤，组成了坚固的“水上长城”，形成御洪第一道防线。

总库容3600多亿立方米的5万多座干支流水库，组成了一个有效拦蓄洪水的超级水库群，特别是以三峡为代表的40多座控制性水库实现了联合调度，能将长江中下游水位控制到厘米级的精度。这是第二道防线。

这两道防线，是长江防洪减灾的“硬牌”。

为了应对堤防和水库都无法抵御和拦蓄的超额洪水，中下游两岸还规划42处蓄滞洪区，合起来能有效分蓄洪水592.71亿立方米。这就是不到万不得已不会轻易打出的“底牌”。

3万多个水文、气象站点及卫星等组成水雨情监测预报网，两院院士、专业技术人员组成的专家团队，国家防汛抗旱总指挥部及延伸到各地的基层防汛部门所组成的行政体系，解放军与沿江人民组成的一线巡查抢险人员，则是最坚不可摧的“王牌”。

由“硬牌”“底牌”“王牌”拱卫而成的这道“伏洪圈”，守护着我国腹地约1/5的国土面积，保护着全国1/3的人口、1/3的粮食产量和1/3的GDP。

这是震古烁今的辉煌成就!

观音矶，长江第一矶，位于荆江北岸，因矶上建有观音寺而得名。

每逢汛期，观音矶顶承江流，消刹水势，维护荆堤，数百年来对抵御、化解荆江洪水起到了重要作用，是荆江大堤重点险工。

今天，观音矶附近的三处抗洪纪念标志，见证着长江防洪历史的惊天巨变。

1952 年建的荆江分洪工程纪念碑，见证的是汗水。

1999 年建的九八抗洪纪念亭，见证的是壮烈。

2006 年建的盛世安澜石刻，见证的是平安。

是的，今天的长江已经开启新纪元，旧中国一场洪水夺走几万、几十万生命的景象不会重演。

如今，岁岁安澜的长江，不仅为两岸人民的生产生活提供了可靠的防洪安全保障，而且对沿江地区经济和社会的全面发展也产生了巨大的推动作用，一批世界 500 强企业纷纷到沿江城市落户，一批新兴产业迅猛发展，有效促进了长江经济带高质量发展。

伏波安澜，大江巨变。昔日桀骜不驯、多灾多难的长江，已成为一条洪行其道、惠泽人民的巨川，成为实现中华民族伟大复兴的重要战略支点。

长江，拥有中国 40% 的淡水资源，对一个民族来说，这就是赖以生存的命脉。

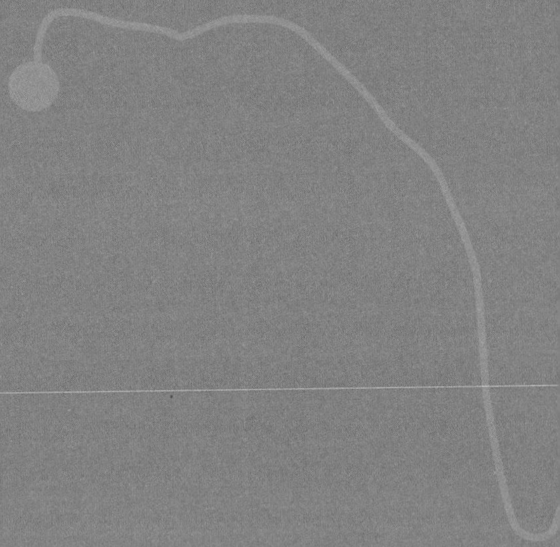

水韵长歌

▲
高峡平湖

水者，万物之本也。

苍茫天地间，水是万物的成因，一切均由水产生，最后还原于水。这种晶莹剔透的物质有着望不到边的玄机和奇妙。

长江，拥有中国 40% 的淡水资源，对一个民族来说，这就是赖以生存的命脉。

奔涌的江水，在三级地势阶梯的巨大落差上，聚势蓄能，化为绿色电力，点亮万家灯火，兴旺百业千城。

丰沛的江水，打造我国最大的淡水资源库，既是保障用水的“压舱石”，也是抗旱调水、应急补水的“生力军”。

清冽的江水，千里北上，沟通江淮河海四大水系，润泽豫冀京津鲁三省二（直辖）市，构建“国家水网”，滋养北方。

上善若水。

长江滚滚而来的涛声，就是天籁。

滚滚而来

唐代大历二年（767 年）深秋的一天，55 岁的杜甫在三

峡登高望远，有感而发：“不尽长江滚滚来。”

这一千古绝唱，道尽了长江波涛滚滚、奔流不息的宏阔气势，古往今来无出其右。

滚滚而来的长江，是我国第一大河，水资源丰沛，多年平均径流量约 9600 亿立方米，占全国河流年径流量的 36%，是黄河的 20 倍，居全国大江大河之首，是我国水资源配置的战略水源地。

从涓涓细流到浩浩江水，长江的浩瀚源自其博大的胸怀，沿途不拒细流，接纳千川，襟江带湖，汇集成雄浑大川。在上游汇入干流的主要支流，左岸有雅砻江、岷江、沱江、嘉陵江，右岸有赤水河、乌江；在中游汇入的，左岸有沮漳河、汉江，右岸有清江，洞庭湖水系的湘、资、沅、澧四水和鄱阳湖水系的赣、抚、信、饶、修五河；在下游汇入的，左岸有皖河、巢湖水系、滁河，右岸有青弋江、水阳江、太湖水系和黄浦江；淮河也有部分水量在左岸扬州三江营汇入长江，南北大运河在扬州与镇江间穿越长江。这些密布在长江南北两侧的支流与长江干流组成了庞大的长江水系。

水量大是长江支流最大的特点，也是长江“滚滚而来”的底气所在。其中被称为长江八大支流的雅砻江、岷江、嘉陵江、乌江、沅江、湘江、汉江、赣江，不仅长度长、流域面积大，而且水量也大，几乎都超过了黄河水量。

雅砻江发源于青海玉树州巴颜喀拉山南麓，在四川攀枝花市附近汇入长江，全长1571千米，流域面积12.8万平方千米，多年平均径流量604亿立方米。

岷江发源于四川松潘县岷山南麓，在四川宜宾市汇入长江，全长711千米，流域面积13.57万平方千米，多年平均径流量890亿立方米，是长江水系水量最大的支流。

嘉陵江发源于陕西凤县西北代王山南侧，在重庆汇入长江，全长1119千米，多年平均径流量670亿立方米，流域面积达15.97万平方千米，是长江水系流域面积最大的支流。

乌江发源于贵州西北部乌蒙山东麓，在重庆涪陵区汇入长江，全长1018千米，流域面积8.84万平方千米，是川江南岸最大支流，多年平均径流量539亿立方米，与黄河水量相当。

沅江发源于贵州都匀市云雾山，在湖南汉寿县注入洞庭湖，干流全长1033千米，流域面积8.92万平方千米，多年平均径流量668亿立方米。

湘江发源于广西壮族自治区兴安县海洋山脉的近峰岭，在湖南湘阴县注入洞庭湖，全长856千米，流域面积9.47万平方千米，多年平均径流量722亿立方米。

汉江发源于陕西秦岭南麓，在湖北武汉市汇入长江，全长1532千米，流域面积16.88万平方千米，多年平均径流量565亿立方米，是长江水系长度最长的支流。

赣江发源于赣闽边界武夷山西麓，在江西庐山市注入鄱阳湖，全长744千米，流域面积8.09万平方千米，多年平均径流量为687亿立方米。

两岸如繁星密布的众多湖泊，也是长江丰沛水资源的重要来源。不论是中下游的平原沃野上、江源地区的雪山冻土间，还是滇北黔西的高原群山中，长江流域都如长藤结瓜一般分布着众多湖泊。据统计，全国1平方千米以上的自然湖泊，77%都分布在长江流域。而长江流域九成以上的湖泊又分布于中下游平原湖区，全国五大淡水湖中的四个——洞庭湖、鄱阳湖、太湖和巢湖都在这一区域。这些湖泊与长江互为补充，对长江水量有天然的调蓄作用。当干流洪水袭来时，江水注入湖泊，削减洪峰；当干流水位低于湖泊时，湖水注入长江，增加水量。

支流汇集，湖泊密布，长江如此庞大的水系与我国的地形、地貌、气候和人类活动都有着密切的关系。长江自西向东横跨我国三大地势阶梯，上游地区地形起伏、落差较大，易于形成锋面雨和地形雨，并易造成暴雨洪流，雨水不断地拓宽水系；同时，几千年来人类不断地开沟辟渠、修筑水坝，也促进了长江中下游地区水系的发育。

被称为地球脐带的北纬 30° 线，因受制于副热带高压，线上的地区多干旱少雨，横卧于这条纬线上的长江是一个异数。长江流域大部分地区为亚热带季风气候，温暖湿润，降雨充沛。全流域的降雨量呈西北向东南递增趋势，除江源区年平均降雨量仅为 250—500 毫米以外，大部分区间的年平均降雨量为 800—1600 毫米。由于季风进退的时空差异，各地雨季的开始先后有别，鄱阳湖、洞庭湖水系开始于 3—4 月，随之逐渐向西北移动，10 月以后，全流域雨季结束。

庞大的水系，加上丰沛的降雨，让长江在一路奔淌、汇合中，终成波涛滚滚的世界著名大河。

如今，社会各界都认识到，长江流域在建设我国生态文明方面有无可替代的重要价值。在国家生态环境保护大局中，其特殊而重要的定位是我国水资源配置的战略水源地、重要的清洁能源战略基地、横贯东西的“黄金水道”、珍稀水生生物的天然宝库，是改善我国北方生态与环境的重要支撑点，也是我国以“两屏三带”为主体的生态安全战略格局的重要组成部分，是保障全国总体生态功能格局安全稳定的生态主轴。

国家发改委、水利部、原环境保护部于 2017 年发布的《长江经济带生态环境保护规划》，对长江流域分区段的生态定位为：长江上游，是“中华水塔”，是关系全局的敏感性生态功能区，是珍稀濒危动植物的家园和生物多样性的宝库；长江中下游，是我国不可替代的战略性饮用水水源地和润泽数省的调水源头，在我国经济社会发展和生态环境保护中具有十分重要的战略地位。

目前，我国已形成较为系统的水资源管理法规体系。相关的法律有《水

▲ 南水北调中线工程渠首

法》《防洪法》《水土保持法》《环境保护法》《水污染防治法》等近 20 部。特别是 2021 年 3 月 1 日起施行的《长江保护法》，为推进长江流域水资源集约安全利用提供了法律保障。

随着涉水、涉江法律法规的完善，水资源保护力度加强，全社会节水护水意识全面增强，长江流域水资源综合利用体系基本形成。对比长江水利委员会发布的历年《长江流域水资源公报》数据可以发现，长江流域生产生活用水效率持续提升，工业和农业节水成效显著，流域各省万元 GDP 用水量持续下降。

能源走廊

两岸峭壁对峙，长江滚滚东流。

自长江上游向下游，依次分布乌东德、白鹤滩、溪洛渡、向家坝、三峡、葛洲坝6座大型水电站，或长坝卧江，或拱坝抱山，串珠成链，梯级调度，蓄水释能，奔涌江水化为绿色电力，点亮万家灯火，带动机器轰鸣。

水电是纯粹的清洁能源，水能在转换为电能的过程中不发生化学变化，不排出有害物质，对空气和水体本身不产生污染。并且，作为可再生能源，只要有水，水电就取之不尽、用之不竭。

涛声隆隆的长江，不仅是我国最密集高效的清洁能源基地，也是世界最大的清洁能源走廊。全球12大水电站中，有5座在这座清洁能源基地里，分别是三峡、白鹤滩、溪洛渡、乌东德、向家坝水电站。全球127台70万千瓦以上水轮发电机组，有86台在这条清洁能源走廊上。

这条清洁能源走廊，以三峡水电站为核心，以金沙江电站群为主力，用源源不断发出的绿色电能，照亮了无数人精彩的低碳生活，成为中国绿色发展、低碳发展的生动实践样本。

三峡工程不仅是世界最大的防洪工程，也是世界最大的水电站。在担当长江中下游防洪屏障的同时，它也让巫山云雨在32台“巨无霸”般的水轮机组的转动下，化为充沛的清洁电能，源源不断地送到缺电地区，点亮了万家灯火，为人们生活增添活力；兴旺了百业千城，为经济发展注入动力。

其实，三峡工程的发电效益，比防洪效益发挥得更早一些。

这是由工程建设顺序决定的。2003年6月10日，三峡大坝坝前水位达到海拔高程135米。蓄水至135米，进入围堰挡水发电期，标志着三峡工程可以初步产生发电效益。

7月10日，也就是大坝蓄水135米的整整一个月后，三峡水电站第一台发电机组——装机容量70万千瓦的2号机组提前20天实现并网发电。

自此，流经三峡的滔滔江水，开始化为源源不断的电能，照耀神州大地。

长江虽然在世界各大河流中排位第三，但其水能资源居世界各条大河之首，占据我国水能资源的2/3以上。2013年3月发布的第一次全国水利普查资料显示，长江流域是我国水资源最丰沛的地区，也是我国水能资源最富集的地区，水能资源理论蕴藏量3.05亿千瓦，约占全国的40%，年发电量2.67万亿千瓦时；技术可开发装机容量2.81亿千瓦，年发电量1.32万亿千瓦时，约占全国的60%。

可见，“长江滚滚向东流，流的都是煤和油”并非夸大其词。据测算，长江水能资源如不加以利用，等于每年有5.6亿吨煤白白流入大海。

是三峡水电站，以及长江干支流上的各大水电站，将这千载空流的江水变成了惠泽民生的电能。

2012年7月4日，三峡水电站最后一台机组正式并网发电。这意味着，经过10多年的安装、调试，三峡工程设计安装的机组全面完工并投产发电。总装机容量2250万千瓦的三峡水电站全面建成投产，成为世界最大水电站和清洁能源生产基地。

三峡水电站是我国“西电东送”和“南北互供”骨干电源点，共安装32台70万千瓦水轮发电机组。其中左岸电站14台，右岸电站12台，地下电站6台，另外还有2台5万千瓦的电源机组，总装机容量2250万千瓦，年最大发电能力达1000亿千瓦时，相当于6个半葛洲坝电站和10个大亚湾核电站。

非专业人士可能对70万千瓦机组没有概念。水电专家解释，一台70万千瓦的水轮发电机组每秒发电200千瓦时，一小时的发电量就相当于300多个家庭一年的用电量。

改革开放以来，我国经济快速发展，能源需求大增，然而在相当长的时间里，电力不足成为经济社会发展的瓶颈。从20世纪90年代起，领跑中国经济的长三角、珠三角地区就面临电力不足的问题。就在2003年三峡水电

▲

三峡工程蓄水至 175 米设计水位

▲

三峡电力送八方

站首批机组开始发电的那个夏季，全国正面临大面积电荒，甚至出现了19个省（市）拉闸限电的严峻局面。其中，上海市电力缺口超过百万千瓦时。

“这时三峡电送来了，就像三伏天里的及时雨，缓解了上海电力的燃眉之急。”当时上海电力专家在电视新闻里如是说。

如同一颗强劲的能源“大心脏”，自2003年首台机组投产发电以来，三峡水电站将电能源源不断地输送到华中、华东、华南和西南地区，惠及湖北、河南、江苏、广东、重庆、上海等九省二市，为这些地区的经济发展日夜输送着能量，大大缓解了这些地区的供电压力，为国民经济发展提供了强有力的能源支持。

根据三峡电力消纳方案，三峡水电站每年为华东地区输送720万千瓦的电力。2013年，上海面临有气象记录的140年以来最炎热的一个夏天，电网最高负荷连创新高。在国家电网公司的统一调度下，有1100万千瓦的外来电输入上海，其中三峡来电就有371万千瓦，保证了用电高峰时段城市运行、企业生产和居民用电的平稳有序。“三峡电”作为上海区域外来电的主要部分，很大程度上缓解了上海地区的“电荒”，对满足人民生活和经济社会发展的用电需求发挥了巨大作用。受益的还不仅是上海。早在2004年夏季用电高峰到来之前，三广（三峡—广东惠州）直流输电工程又及时地把300万千瓦的三峡电力送往广东。

三峡水电站中控室，可谓当今世界“最来电”的房间，记录着2003年发电以来的所有重大成绩——2018年，三峡水电站年发电量达1016亿千瓦时，首次突破1000亿千瓦时大关。2020年，年发电量达1118亿千瓦时，创造了单座水电站年发电量新的世界纪录。按照2019年上海全市用电量1568.58亿千瓦时计算，1118亿千瓦时清洁电能，可供上海市用电约8个月。

有人这样测算：如每千瓦时电能创造的平均产值以8元计，即使按设计年均发电量847亿千瓦时算，三峡电站每年也能创造6700多亿的财富。

水电是对水能的充分利用，不消耗任何不可再生的自然资源，是地地道道的清洁能源。三峡水电站生产的清洁能源，在为国民经济发展提供绿色动力的同时，还有着巨大的节能减排效益。

乌东德发电机组 ▸

同样按设计年均发电量 847 亿千瓦时换算，相当于三峡水电站每年节约原煤 5000 万吨，相应地每年减排二氧化碳 1 亿吨、二氧化硫 200 多万吨、一氧化碳 1 万吨、氮氧化物 37 万吨，并减少火电所产生的大量工业废水。世界著名科普杂志《科学美国》将三峡工程列为世界十大可再生能源工程之一。

三峡水电站这位巨无霸级的大哥在忙碌，其他几位身强力壮的兄弟也没闲着，虽然它们分布在长江清洁能源走廊的不同处，但目标都一致、干的活也都一样，那就是卖力地将源源不断的长江水能生产为清洁电能。2021 年 6 月投产发电的白鹤滩水电站，装机容量 1600 万千瓦，年发电量 624.43 亿千瓦时。2013 年 7 月投产发电的溪洛渡水电站，装机容量 1260 万千瓦，年发电量 571 亿千瓦时。2020 年 6 月投产发电的乌东德水电站，装机容量 1020 万千瓦，年发电量 389.1 亿千瓦时。2012 年 11 月投产发电的向家坝水电站，装机容量 775 万千瓦，年发电量 307.47 亿千瓦时。1981 年 7 月投产发电的葛洲坝水电站，装机容量 271.5 万千瓦，年发电量 157 亿千瓦时。

堆砌的数字是枯燥和乏味的。做一个简单的类比，统计数据显示，广州 2021 年全社会用电量约为 1047 亿千瓦时，长江干流上 6 座大型水电站一年的总发电量超3000多亿千瓦时，相当于发一年电可以让广州用3年。

每年夏季是长江的丰水期，正是各水电站开足马力将优质水能转化为清洁电能的高峰期，这个发电高峰期，恰好又与华东、华南等经济发达地区的用电高峰期重叠。如果没有长江清洁能源走廊提供的电力，这些地区还需要建设多个火电厂，不但占地面积更大，还要设置灰场，且会大大增加减排压力。而每年有了这3000多亿千瓦时的清洁电能代替火电后，每年则可减少燃煤约9100万吨，减排二氧化碳约2400万吨，不仅为经济社会绿色发展注入强劲动能，还能助力实现碳达峰、碳中和目标。

蓄丰补枯

长江是一条雨洪河流，随着季节和气候变化，丰水期和枯水期的水量变化波动很大。

具体说来，就是下雨时间长、范围广、雨量大，江水就涨，反之江水则枯。

长江水情历来与降水有直接关系。长江流域面积大，集雨范围也很大，每年的5月至10月便是长江的丰水期，也就是汛期，而6月至9月是主汛期，在正常情况下，七八月份长江多处江段就会出现波涛汹涌的洪水，一波又一波的洪峰。所以从全流域来说，暴雨洪水是主要的，一般占年径流量的70%—80%。而每年的11月至次年的3月，因为降雨少，整个长江会进入枯水期。除了降雨时间分布不均，纵横万里的长江毕竟太长了，降雨的空间同样分布不均，有时可能出现上游洪水、中下游干旱，或者流域北边旱、南边涝。

丰涨枯消的长江，考验着中华民族辩证疏堵的治水智慧，能不能将夏季汹涌澎湃的洪水通过时空转换，变成秋冬季节急需的水资源?

三峡工程和长江干支流水库群，用蓄水功能及巨大的库容解决了这一问题。

三峡工程在“除水弊”的基础上，最大限度实现了“兴水利”。这是中国千年治水智慧和现代水利工程科技共同结出的丰硕成果，其防洪、发电、航运、补水等多元功能和巨大效益更成为推动国家经济社会发展的重要引擎。

经历了多次与特大洪峰的成功博弈后，国人不再谈“洪”色变。奔腾的洪水反而成为一种资源，被三峡工程驾轻就熟地利用，变害为利——一座库容近 400 亿立方米的大型水库使我国拥有了最大的水资源储备库，充分提高了我国的水安全值。

三峡工程总库容 393 亿立方米，在正常蓄水位 175 米至防洪限制水位 145 米间，有 221.5 亿立方米的可用防洪库容。每年长江汛期到来之前，水位要消落至 145 米，腾出足够防洪库容迎汛；汛后再蓄水至 175 米，用于发电和为枯水期的中下游河道补水。

在这 145—175 米的水位间，三峡工程把洪水最大限度变为资源，水库“蓄丰补枯”，每年枯水季节为长江中下游补水 200 多亿立方米。截至 2020 年 8 月底，三峡水库为下游累计补水 2267 天，补水总量 2894 亿立方米。

既是保障用水的“压舱石”，也是抗旱调水、应急补水的“生力军”。2011 年 1 月至 6 月上旬，干旱席卷长江中下游。三峡水库累计为下游补水 150 天，补水 215 亿立方米，抬高了河道水位，保障了沿线地区人畜饮水安全，有效改善了长江航运条件。

凭借巨大库容和灵活的调节性能，三峡水库可以在枯水期为下游提供生产生活用水，为城市工业发展注入持久动力，还能为珍稀鱼类繁衍生息创造有利条件。自 2011 年以来，三峡工程每年春夏之交都会开展生态调度，促进坝下江段产漂流性卵鱼类自然繁殖。监测结果显示，长江宜都断面平均卵苗密度是实施生态调度以前的 7 倍。

随着技术进步、认识深化和管理水平的提升，三峡工程的多种效益发挥得越来越大、越来越好，并且在新的技术条件下不断拓展新功能和新效益。

2014 年 2 月，受降水偏少、来水偏枯和强潮汐活动影响，上海长江口水源地遭遇历史上持续时间最长的咸潮入侵，200 万居民饮用水告急。三峡工程按照长江水利委员会调度指令，第一时间启动“压咸潮”补水调度，累

▲ 乌东德水电站

计向下游补水 17.3 亿立方米，成功抑制了 1800 千米外的长江口咸潮，上海饮用水危机得到有效缓解。

2015年6月1日深夜，“东方之星”号客轮遭遇强对流天气，在三峡大坝下游约 200 千米外的监利水域沉没。根据长江水利委员会调度令，三峡水库下泄流量由 17000 立方米每秒减至 7000 立方米每秒，降低监利水文站水位约 3 米，为救援打捞提供了有利条件。这种功能并不在工程设计之中，但恰恰是三峡工程的巨大调节功能，让我们在应对长江突发事件中多了一种思路。

2020 年初，湖北省电煤储备和电厂投产受到一定程度影响。根据国家电网电力调度中心请求，综合考虑湖北省沿江供水需求、高峰电力调度需求及春运期间航运用水需求，经请示水利部同意，长江水利委员会调度三峡水库 2 月上旬日均出库流量继续维持在 7000 立方米每秒左右，加大向中下游补水力度，有力地保障了长江中下游供水、发电用水和航运用水。

洪来拦蓄，旱至补水。三峡工程及长江干支流水库群凭借巨大的库容和灵活的调节性能实现“蓄洪补枯”，利用洪水资源增加枯水期长江中下游下泄流量，成为我国重要的淡水资源库和生态环境调节器。

我国人均淡水资源占有量只有 2200 立方米，约为世界人均水平的 1/5，排在世界第 109 位，是世界上 13 个贫水国家之一。

滚滚而来的长江，也许是中国水资源最重要的一道保障线。

润泽北方

水是生命之源、生产之要、生态之基。看似“取之不尽、用之不竭”的水资源日渐匮乏，已成为全世界不得不面对的问题。

我国年降水总量约 6.2 万亿立方米，分布极不均匀。长江流域及以南地区多年平均降水量在 1000 毫米以上，东北、华北平原只有 400—800 毫米。降水量地区间的巨大差异，导致了我国水资源量区域分布的巨大差异，65% 的水资源集中在长江流域及其以南的地区，而黄河、海河所占不到 4%，径流深大于 800 毫米的地区均位于长江流域及其以南地区，因此也形成了我国水资源“南方多、北方少”的特点。

因为缺水，在广袤的华北平原上，城市挤占农业用水，农业抢夺环境用水，这种供水领域里的“大鱼吃小鱼，小鱼吃虾米”“拆东墙补西墙”现象十分普遍。缺水不仅制约经济社会发展，而且容易引发社会矛盾，恶化生态环境，流经华北平原的黄河、淮河和海河，一度成为全国地表水质量最恶劣的河流。最严重时，几乎是“有河皆枯、有水皆污”。

我国的南北大地，本应拥有相同的发展机会，但水资源的极度短缺，成了限制华北地区发展的枷锁。

干渴的华北大地，迫切需要新的水源，而千里之外的浩瀚长江，多年平均径流量约 9600 亿立方米，是黄、淮、海三河总径流量的近 7 倍。其实，早在 1952 年，毛泽东同志就为解决北方干旱问题提出了一项战略性构想:“南方水多，北方水少，如有可能，借点水来也是可以的。”这也就是我们现在熟知的南水北调工程的肇始。

怎样才能把南方的水“借”至北方，长江之水何日才能滋润干渴的华北大地?

人们翘首以盼。

2002 年 12 月，历经 50 年规划勘察与科研论证，先后有水利、经济、社会、环境、农业等 24 个不同领域的规划设计及科研单位，6000 余位知名专家，110 多位院士参与，献计献策，召开 100 多次研讨会，研究讨论 50 余种方案，才编制完成的《南水北调工程总体规划》，获国务院批复。

该规划确定，南水北调工程划分为东、中、西三条线路，分别从长江流域下、中、上游，由南往北调水，规划总工期 40 年至 50 年，最终调水规模为 448 亿立方米，相当于一条黄河的水量。

这意味着在数十年后，神州大地上将有三条大型水道纵贯南北，与东西流向的海河、黄河、淮河、长江，形成“四横三纵”的巨型水网，从长江调出一条“黄河”送给北方。

经过十余年建设，南水北调东、中线一期工程分别于 2013 年 11 月、2014 年 12 月通水。东线从长江下游扬州江段取水，利用京杭大运河及与其平行的河道逐级提水北送至山东；中线从汉江丹江口水库取水，按规划线路建设的干渠自流输水至河南、河北、北京和天津。西线尚在规划中，未开工建设。

一路北上，江水情长。

通水以来，长江水源源不断奔流北上，惠及北方 42 个大中城市，改善了 1.53 亿北方老百姓的饮水条件，优化了黄淮海平原的水资源配置格局。

如今，在北京，每 10 杯水中有 8.5 杯是“南水”，至少 1200 万北京市民喝上了长江水。

而如果将这个范围扩大到整个华北大地，这个受益人数就会扩大到 1.53 亿。随着受水区配套设施进一步完善，这个数字还将继续扩大。

长江水润泽干渴的华北大地，补充生态用水，使得因缺水而萎缩的部分湖泊、湿地再现生机。山水复绿、鱼鸟重现，华北平原地下水位也在持续回升，为京津冀协同发展、雄安新区建设等国家重大战略实施，提供可靠的水资源支撑。

长江的水来了，北方的水“甜”了。

“水碱是明显少了，水的口感也比以前更绵软、更甜了。”这是北京市民的切身感受。目前北京市主城区自来水水源有 85% 以上都来自长江水，且水质始终稳定在地表水环境质量标准Ⅱ类以上。全市人均水资源量由原来的 100 立方米提升至 150 立方米，中心城区供水安全系数由 1.0 提升至 1.2。

长江水成为北京自来水的主要水源，还为当地大规模开展自备井置换提供了水源保障。2020 年，北京中心城区及城市副中心自备井，已全部置换为市政供水，由此带来的最直观变化是，市民“打开水龙头，能明显感受到水压增加”。

在天津，南水北调中线一度成为“生命线”。全市 14 个行政区居民都喝上了长江水，从单一“引滦”水源变双水源保障，供水保证率大大提高。

浸润一方水，疗愈一方人。除了润泽京津，甘甜的长江水从丹江口水库也流入干渴多年的冀中南地区，让这里的 1200 万人喝上了长江水。其中，在黄淮海平原盐渍危害最严重的黑龙港流域，500 多万人告别了长期饮用高氟水、苦咸水的历史。

长江的水来了，地下的水“升”了。

南水北上，成为华北地区地下水止跌回升的转折点。南水北调通水之前，北京市水资源严重匮乏，为满足城市用水而大量开采地下水，开采量连年增加，地下水位连续 16 年下降。这样的情形自南水北调通水以来得以改变。除了提供饮用水，滚滚而来的长江水，还把原来为城市供水而占用的河道水、生态水还了回去，让怀柔、平谷等应急水源地得以休养生息。

▲

天津海河

监测数据显示，长江水进京后，北京平原地区地下水平均埋深连年实现回升，由 2015 年的 25.75 米回升到 2020 年 8 月的 22.54 米，整体回升超 3 米，地下水储量增加超过 15 亿立方米，昌平、延庆、怀柔、门头沟等区的村庄出现泉眼复涌。

不仅是北京，华北平原上南水北调受水区的地下水位都在持续回升，地下水资源得到有效涵养，有力遏制了地下水严重超采、“漏斗”沉降趋势。

长江的水来了，沿线的水“活”了。

修复生态正是南水北调工程的重要功能之一。丰盈的丹江口水库，为实施生态补水提供了充足水源。2018 年 5 月，南水北调中线工程开始向华北明珠——白洋淀实施生态补水，来自长江流域的第一湾清水从雄安新区容城县汇入白洋淀，此后补水进入常态化，白洋淀恢复了河畅、水清、岸绿、景美的勃勃生机。

生态补水为北方河湖注入了勃勃生机，水生态环境大为改善。中线一期工程全面通水以来，长江向天津市子牙河、海河生态补水量连年增长，累计达 12.7 亿立方米，当地的生态环境和人居环境显著改善。

2020 年，通过春秋季两次生态补水，因缺水干涸 25 年之久的北京永定河全线通水，恢复成“流动的河”，水面面积达到 1800 公顷。当年冬天在永定河稻田水库，有摄影爱好者还拍到了几十年不见的国家一级保护动物黑鹳。

江水汤汤，长渠逶迤。

南来之水，润泽北方。

长江是大自然对中华民族的厚馈，其生命力旺盛的庞大水系，涤荡出了一条最富活力的经济带，如同滋养国运之血脉，为民族复兴和大国崛起注入澎湃动力。

大国血脉

善水万年，载物百代。

滔滔江水浇灌着滋养万民的千里沃野，流淌着造福家国的滚滚财富。

在古代，长江流域农商经济兴盛，形成至今已一千多年的“国家根本，仰给东南”局面。

至今日，长江流域以不到全国 1/5 的国土面积，生产了全国 1/3 的粮食，创造了全国 1/3 的国内生产总值。

大江流日夜，慷慨歌未央。长江是大自然对中华民族的厚馈，其生命力旺盛的庞大水系，涤荡出了一条最富活力的经济带，如同滋养国运之血脉，为民族复兴和大国崛起注入澎湃动力。

重心南移

唐宪宗元和十年（815 年）二月，永州司马柳宗元结束漫长的贬谪生涯，奉诏还朝，一路春风送暖，驿路花开。在长安城外的灞桥，他不禁感慨：“十一年前南渡客，四千里外北归人。”

虽然柳宗元踌躇满志“重入修门自有期”，然而现实再次给他当头一棒。他不仅没有重返朝堂获得自期“莫将波浪枉明时”的机遇，反而又一次被贬往南方，任柳州刺史。这个反转距他自永州北归不足一个月。

算上少年时代避乱于夏口（今湖北省武汉市），柳宗元 47 岁短暂的人生路，有一半的时间是在长江流域和南方度过的。他一生历经多次南渡与北归，这倒与中华文明演进的历程高度相似。

历史上，每逢北方中原地区陷入大动荡之际，中华文明往往深入南方寻求转圜，退居长江两岸休养生息，恢复元气。世界各地许多古老文明都因缺乏战略纵深在游牧骑兵入侵或自身战乱中消亡，幸运的是我们有长江，中华文明也因长江这一“大后方”得以五千多年延绵不绝。而在一次次衣冠南渡中，长江在提供庇护之所的同时，也得到了开发、拓展和提升。随着生产力的发展和技术的提升，长江流域相对安定的社会环境和颇为优越的自然条件日益凸显，我国的经济重心逐渐从黄河流域南移到了长江流域。

秦汉时期，北方的黄河流域一直是我国经济的重心所在。但自东汉末年起，北方就陷入战乱状态，狼烟四起，刀光剑影，政局动荡，经济受到严重摧残。这一时期的南方则保持了相对安宁与稳定，大批不堪战火侵袭的北方民众因此涌向地广人稀的长江流域，从而加快了长江重要支流沿岸，如嘉陵江、汉江、湘江、赣江及长江下游三角洲地区的开发，长江流域经济水平持续上升，在六朝时期得到了空前发展，形成所谓“极盛”之势。《宋书》描述南朝刘宋时期长江中下游荆州、扬州两地的经济发展状况时称：“荆城跨南楚之富，扬部有全吴之沃，鱼盐杞梓之利，充仞八方，丝绵布帛之饶，覆衣天下。”三国两晋南北朝时，由于特定的历史背景，江南得到大规模开发，长江流域的经济发展很快，为经济重心南移奠定了基础。

长江流域一经开发，农业生产与商贸经济便借灌溉之利与舟楫之便，迅速发展。至隋唐，伴随国家再度统一与京杭大运河通航，南北经济并驾齐驱，长江流域赶上了黄河流域的水平，并最终在安史之乱以后超过黄河流域，打破了南北经济均势，成为全国经济最发达的地区。杜甫在《后出塞》中写道：“云帆转辽海，粳稻来东吴；越罗与楚练，照耀舆台躯。”可见早在盛唐时代，江南地区就已通过海运向北方边境输出粮食与布匹，为维护国家安全提供物资保障。安史之乱后，没有边防压力又相对富庶的江南地区，成为唐王朝财赋的主要倚仗，《新唐书》称之为“故天下大计，仰于东南”。辅佐唐宪宗开创元和中兴的宰相李吉甫在《元和国计簿》中记载，朝廷“每岁赋税倚办止于浙江东西、宣歙、淮南、江西、鄂岳、福建、湖南八道四十九州，一百四十四万户”。

不只是江南，长江上游的巴蜀地区，经济也一直持续发展并保持着较高水准，在唐代位居全国前列。陈子昂在《上蜀川军事》中说：“国家富有巴蜀，是天府之藏。自陇右及河西诸州，军国所资，邮驿所给，商旅莫不皆取给于蜀。”这指的是唐代前期的情况。到了中原发生战乱，帝王总是避祸入川，作为恢复之基。安史之乱时，唐玄宗进入四川；朱泚之乱时，唐德宗也是往四川跑；黄巢起义军进攻关中时，唐僖宗仍是逃进四川。如此一致，就是因为“蜀中府库充实，与京师无异，赏赐不乏，士卒欣悦”。

到北宋初年，宋太祖赵匡胤在制定统一全国的战略时，主张“先取四川，次及荆、广、江南”，其目的便是先夺取长江沿线富庶地区，巩固国家经济基础，“则国用富饶矣”，再图全国统一。长江流域的经济在北宋时期已远超黄河流域，形成了“国家根本，仰给东南”的局面。《文献通考》记载，北宋宣和元年（1119 年），全国 17 路上供上缴朝廷的财税共计 1503 万贯，其中北方诸路只占 1/6，南方诸路占 5/6。

靖康之变后，北宋灭亡，南宋建立，是我国经济重心南移在时间上的分野。此时，长江流域的粮食产量、农耕技术、手工技艺、商业贸易、城镇数量等陆续都超过了中原地区。宋代长江流域大兴水利、广辟农田，农业生产发达，南方传统的水稻和北方南下的麦、粟、黍、玉米等皆有种植，粮食产量大增，同时茶、棉、桑、麻、果木、甘蔗等经济作物普遍推广，促进了手工制造业和商品经济的发展。大量南迁的人口为长江流域手工业发展带来了丰富的劳动力，手工制造业十分兴旺，特别是“丝都”杭州、“瓷都”景德镇两大手工业聚集地，以技术提高生产质量，以生产质量促进贸易、带动商业发展，有效拉动了经济发展。

至此，我国经济重心南移的进程在宋代得以最终完成。

水灌沃野，船接商肆，滔滔江水流淌着造福家国的滚滚财富。此后的元、明、清时期，长江流域经济结构趋向良性循环，中游地区粮食产量进一步提升，“湖广熟，天下足”的民谚甚至多次出现在皇帝的谕旨和大臣的奏折中；下游地区则“无尺地不桑”，大力发展蚕桑、棉花、茶叶等经济作物的种植，并围绕它们发展了一系列棉纺、丝织、印染、制茶、制瓷、造纸等手工业。长江上中游的成都、重庆、荆州、襄阳、武昌、长沙均已成为我国南方政治、经济的重要城市；长江下游的九江、安庆、芜湖、扬州、镇江、常州、南京、无锡、苏州、杭州、嘉兴等均以物阜民丰著称于世。

正因为国家的经济命脉逐步定格在长江流域，“用东南之财赋，赡西北之甲兵”，已成为自晚唐以来宋、元、明、清各朝赖以立国之根本。也就是说，最近一千年来，历朝历代的首都和政治中心虽然仍多在北方，但须依凭长江流域财赋的支撑。

风气之先

“砰！”

1911 年 10 月 10 日晚，武昌城内人心惶惶，秋风漫卷着满地的枯叶。在位于紫阳湖东侧的湖北新军第八镇工程第八营驻地，26 岁的基层军官、革命党人熊秉坤打响了划破历史长空、彪炳千秋史册的一枪。

这一枪，拉开了震惊中外的武昌首义之序幕。经过一夜激战，起义军于 11 日天亮前占领了武昌。隔汉江、长江相望的革命党人也相继举事，分别于 11 日夜和 12 日占领了汉阳和汉口。武汉三镇光复，起义军成立了湖北军政府，进而引发了一场席卷神州大地的伟大社会变革——辛亥革命。此后短短两个月内，各省相继起义响应，湖南、广东、江西、江苏等 15 个省纷纷宣布脱离清政府独立。1912 年 2 月 12 日，清帝发布退位诏书，延续了 2132 年的封建帝制历史终结。

恍若浩荡长江的滚滚涛声，辛亥革命以摧枯拉朽之势冲开了阻碍中国进步的闸门，在政治上、思想上给中国人民带来了不可低估的解放作用。辛亥革命开创了完全意义上的近代民族民主革命，推翻了统治中国几千年的君主专制制度，建立起共和政体，传播了民主共和理念，极大地推动了中华民族思想解放，以巨大的震撼力和影响力推动了中国社会变革。

辛亥革命期间，武汉、南京、上海这三座沿江重要城市，或首举义旗，或成为民国政府临时首都，或提供经济后援，这是向来领风气之先的长江人民为推进中国近代化做出的卓越贡献。

长江文化自先秦时期起就根植了包容豁达的基因。长江流域的地利之便，在对外经济文化交往上历来融会四方、贯通中外。经济重心南移，推动了宋、元、明时期海外贸易发展，大量农产品和手工业产品通过长江水路出海，远销东亚和东南亚，从而进一步促进了长江流域农业与手工业的发展。明初，郑和率庞大的船队自南京龙江关举帆起航，七下西洋，在不到 20 年的时间内跨越了半个地球，将产自长江流域的瓷器、丝绸、棉布、茶叶等精美物品带至亚非 40 多个国家，带回来许多奇珍异宝，进行了 15 世纪末以前世界历史上规模最大的海上航行，完成了人类历史上伟大的壮举。至明代万历年间，长江中下游棉纺、丝织、造纸、制瓷、制茶、冶金等手工业已经高度发达，集中了大量掌握专门技能的雇佣劳动者，以包买商和雇佣劳动力为标志的资本主义萌芽出现。

可惜的是，明末和清代统治者为维护统治地位保护小农经济，实行闭关锁国政策，故步自封的统治思想与落后的社会制度极大地限制了科学技术的发展，中国逐渐落后于同一时间工业革命蓬勃兴起的西方世界。1840 年鸦片战争后，中国闭锁的大门被迫打开，面对西方列强的坚船利炮，清廷统治者被迫签订一份又一份丧权辱国的不平等条约，割地赔款，开埠通商，中国逐渐沦为半殖民地半封建社会，也被动地开启了近代化进程。

在这一进程中，长江流域以优越的地理位置和深厚的经济底蕴，再次走在前沿，担当起中国近代工商业的先导。第一次鸦片战争后，上海成为第一批开放的五个通商口岸之一，列强打开了长江门户；第二次鸦片战争后，开放口岸已从沿海地区溯长江深入中国腹地，被迫增开的十个商埠中就包括长江中下游的汉口、九江、南京、镇江四地；1876 年，为了结“滇案”而签订的《中英烟台条约》，又增加了宜昌和芜湖为通商口岸，同时条约规定长江沿岸的安庆、湖口、武穴、沙市等地为外轮停泊码头，实际上就是准通商口岸；1890 年，在《中英烟台条约》的续增专条中，重庆也被确定为通商口岸。至 19 世纪末，长江从上游到下游的重要城市大部分都成为通商口岸，西方列强的货轮可以从上海直抵重庆，在长江腹地各口岸城市设立租界，开办洋行、工厂，倾销商品，大肆攫取政治经济利益，沿江市场被动地卷入了国际大市场，客观上促进了商业贸易的繁荣，沿江城市的经济也因此得到长足发展。

口岸通商后，活跃的商贸往来拉动了人流和物流，加强了沿江城市之间的联系，西方先进的科学技术也得到传播，进而刺激了沿江近代工业的兴起与发展。19 世纪 60 年代，以“自强”“求富”为口号和目标的洋务运动在长江流域广泛兴起，曾国藩、李鸿章、张之洞等坚定的洋务派在长江流域出任封疆大吏时，纷纷引进西方机器和科学技术，在各自管辖的地盘上开办新式企业，试图在技术层面“师夷长技以制夷”。1861 年，统领沿江四省（苏、皖、浙、赣）军务的曾国藩在湘军大本营安庆创办了我国最早的新式兵工厂——安庆军械所，不出数年，很快就造出了我国第一台蒸汽机、第一艘轮船，为我国近代机械工业的起步开了一个好头。其后，两江总督李鸿章在上海创办江南机器制造总局和江南造船厂，在南京创办金陵制造局；湖广总督张之洞在武汉创办汉阳兵工厂，并且将汉阳铁厂、大冶铁矿和萍乡煤矿联合组建成当时亚洲最大的钢铁企业——汉冶萍公司。这些洋务实业不仅在当时引领着我国的制造业，而且初步奠定了我国近代工业体系的基础，直接影响了 20 世纪我国的工业发展方向。与此同时，长江流域部分眼界开阔的商人、地主和士绅借洋务运动的东风，投资“商办”新式工业，一些在国内颇有影响力的民营企业相继诞生，中国民族资本主义在长江流域应运而生了。

在开埠通商和洋务运动的双重刺激下，长江流域近代工商业快速发展，远远地走在全国前列，特别是上海和武汉迅速崛起，成为我国近代最重要的两大工商业基地。

上海襟江滨海，地理位置优越，交通便利，早在开埠以前就是商贸重镇，是清政府在东南沿海设立的四海关之一——江南海关的所在地。1843 年开埠以后，西方商人和西方商船接踵而来，以上海为基地加速掠夺长江流域廉价资源。不出 10 年，至 19 世纪 50 年代前期，上海的对外贸易已从开埠初期不足全国外贸额的 10% 猛增至 50%，雄踞全国第一。对外贸易的发展也推动了近代上海工业的产生，与外贸有关的船舶修造厂、缫丝厂、打包厂，以及与城市基础设施相关的电厂、煤气厂、自来水厂等，都由外商开设。本国资本工业也在此背景下兴起，除官办、官督商办的军事工业外，上海的民族资本工业企业也在纺织、木材加工、面粉、印刷等行业中相继出现。

▲

上海外滩

到了19世纪末，上海已集中了全国数量最多的洋行、银行、钱庄、洋庄以及近代工业企业，转变为近代工商业城市，成为当之无愧的中国第一大都会。

不同于上海主要由外资驱动，武汉的近代工商业主要由本土资本主导。明末清初，汉口就已是全国四大名镇之一，传统商贸和手工业十分发达。1861年开埠后，外商纷至沓来，开设洋行、工厂，使汉口成为长江各口岸仅次于上海的城市，但规模远不能与上海并列。1889年底张之洞出任湖广总督后，兴办了以军工和钢铁等重工业为主的17家企业，在龟山和汉水之间的狭长地带打造了武汉有史以来的第一条“工业长廊”，同时又在长江之滨设立了织布、纺纱、缫丝和制麻四局，构建了比较完整的近代纺织工业体系，并创设了一批与重工业相拱卫的种类繁多的近代中小型企业。正是由于

张之洞在长达 18 年的时间里一以贯之地实施“新政”、推行洋务，武汉才迅速转变为“驾乎津门，直逼沪上”的近代大都会，成为很长一段时间内唯一能与大上海并称的大武汉。著名的汉阳钢铁厂是当时全国唯一一家采用新法冶炼的钢铁企业，在持续出产优质钢铁的同时，促进了新式冶金技术在我国的传播，推进了长江流域乃至整个中国的近代化进程。

面对“数千年未有之大变局”，在上海和武汉的引领下，沿江城市依托便捷的水运通道，建立起较为完善的商贸流通网络，从而实现了工业原料和工业产品的共享，相互推动着各自城市经济、社会的发展，长江由此成为引领中国近代化进程的重要线路。

明珠璀璨

如果说长江是一根串珠的线，那么沿江那一座座特色鲜明、风情各异的城市，就是这根线上七彩斑斓又璀璨夺目的明珠。

水，是人类发展的基本要素之一。人们逐水而居，临水而栖，从古代大型聚落到近现代城市，无一例外都诞生在江河湖海之滨。长江流域自然地理条件优越，是人类理想的聚居地，早在五六千年前的新石器时代中晚期，中下游一带就出现了以石家河古城、良渚古城为代表的数十座大大小小的城市聚落；三四千年前的青铜时代，长江黄金水道又催生出以盘龙城、姑苏城为代表的一批城市；进入封建社会，随着人口增长和国家经济重心南移，长江及其支流组成的交通水网，不仅把大城市同重要的农业区连在一起，还加强了各大城市之间的商贸往来，以成都、扬州、南京、杭州为代表的长江城市成为人们向往的天堂。

与北方城市大多因政治或军事因素兴起不同，沿江城市大多从港口和市集等商贸中心的基础上发展而来，由流域兴旺的经济活动塑造而成。经过数千年的发展，如今长江流域分布着大小城市 200 余座，是全国城市分布最密集的地区之一，已形成长江三角洲、长江中游、成渝、江淮、滇中、黔中等几大城市群，地级以上城市就有 70 多个。干流流经的重要城市，包括玉树、香格里拉、攀枝花、宜宾、泸州、重庆、宜昌、荆州、岳阳、武汉、黄石、鄂州、九江、安庆、铜陵、芜湖、南京、镇江、扬州、无锡、南通、上海等。支流流经的城市则更多，主要有西昌、成都、乐山、绵阳、遵义、汉中、十堰、襄阳、长沙、衡阳、株洲、怀化、湘潭、南昌、吉安、赣州、合肥、苏州、常州、泰州等。

一个地域的城市数量及其繁荣程度，往往是该地域发展状况的晴雨表。长江流域这一长串城市，都因长江而生，因长江而兴。其中，干流上影响最大的，仍是重庆、武汉、南京和上海。

山环水绕的重庆，是长江上游第一大城，坐落在长江与嘉陵江交汇处，乃进出四川盆地的门户要津，自古就是商业重镇，为西南地区与长江中下游之间的水运交通枢纽。战国时期，秦相张仪筑江州城，作为统治巴郡的行政中心和镇守据点，这是重庆建城之始。自此之后，有大量舟楫来此停泊，此处逐渐发展成西南商贸集散中心，随着经济的发展，至唐代时已成为“万斛船”的集运港。明清之际，朝天门码头舟楫穿梭、樯帆林立，重庆已经成为长江上游重要的商贸大港之一。

进入现代，依托长江、嘉陵江的水运交通，重庆以工业发展为重，基本形成大农业、大工业、大交通、大流通并存的格局，是西南地区和长江上游地区最大的经济中心城市。1997 年 3 月获批成为中西部地区唯一的直辖市后，重庆经济社会步入快速发展期。目前，重庆是国家中心城市、超大城市和国际大都市，成渝地区双城经济圈核心城市，国家重要先进制造业中心，西部金融中心。重庆处在中西部地区的接合部，承东启西，沟通南北，是长江上游地区的经济、金融、科创、航运和商贸物流中心，西部国际综合交通枢纽和国际门户枢纽，也是西部大开发重要的战略支点、“一带一路”和长江经济带重要联结点及内陆开放高地。

江湖互济的武汉地处长江中游、江汉平原东部，长江及其最大支流汉江在城中交汇，形成武昌、汉口、汉阳三镇隔江鼎立的格局。市内江河纵横、湖港交织，有全国最大的城中湖东湖。武汉历史悠久，3500 年前的商代早期就在此修筑了南方最大城市——盘龙城。自春秋战国以来，武汉一直是中国南方的经济重地和商业重镇。明末清初，汉口与北京、苏州、佛山并称“天下四聚”，又与朱仙镇、景德镇、佛山镇同称“天下四大名镇”，成为“楚中第一繁盛处”。

武汉作为我国经济地理中心，有着得天独厚的“九省通衢”之区位优势，是内陆最大的水陆空交通枢纽和长江中游航运中心，其高铁网辐射大半个中国，是华中地区唯一可直航全球五大洲的城市。武汉还是长江经济带核心城市、中部崛起战略支点、全面创新改革试验区，也是全国三大智力密集区之一。武汉光谷还致力于打造有全球影响力的创新创业中心。根据国家要求，武汉正在加快建成以全国经济中心、高水平科技创新中心、商贸物流中心和

▲ 武汉

国际交往中心四大功能为支撑的国家中心城市。

濒江近海的南京，地处长江与秦淮河的交汇口，是长江下游的历史文化名城，有着近 2600 年的建城史和近 500 年的建都史。春秋末期，吴国在这一带筑冶城。三国时期，吴帝孙权在此建都，南京从此崛起。此后，东晋、南朝的宋、齐、梁、陈相继在此建都，故南京有“六朝古都”之称。六朝时期，经济发达的南京就已是世界上第一个人口超过百万的城市，与古罗马城并称为“世界古典文明的两大中心”。此后直至清末，南京一直是我国南方的政治、经济、文化中心，引领了长江流域及整个南方地区的发展。

南京是东部沿海经济带与长江经济带战略交汇的重要节点城市，经过多年的发展，已形成以电子信息、石油化工、汽车制造、钢铁为支柱，以软件和服务外包、智能电网、风电光伏、轨道交通等新兴产业为支撑，先进制造业和现代服务协调发展的产业格局。目前，南京正在全力打造泛长三角地区承东启西的门户城市、国家综合交通枢纽、区域科技创新中心，加快建设现代化国际性人文绿都。

通江达海的上海，地处我国大陆海岸线中部的长江入海口，是我国最大的城市，世界著名的大都会。大约在 6000 年前，黄浦江与苏州河交汇处淤沙成陆，在今上海所在地出现了早期的集镇。至宋代，上海一带发展成新兴贸易港口。元代，朝廷在此设立上海县，标志着上海建城之始。上海真正的兴起与繁荣，始于 1843 年开埠。此后上海迅速开启了近代化进程，工商业快速发展，逐渐成为跨国公司开展贸易和商务的枢纽，是亚太地区最繁华的金融中心和经济中心，被誉为“东方巴黎”。

历经百余年的崛起与兴盛，“海纳百川，兼容并蓄”的上海，如今不仅拥有我国最大的工业基地、最大的外贸港口，也是我国重要的科技、贸易、金融和信息中心，更是一个世界文化荟萃之地、靓丽时尚之城。作为长江经济带的龙头城市，上海已经发展成一个国际化大都市，并致力于成为国际金融中心和航运中心。近年来在世界城市体系排名中，上海连续被列入“世界一线城市”的前十位。

依江而立，伴江而兴，拥江而荣。在长期的社会与经济发展过程中，长江哺育着数百座大大小小的城市，这些城市恍若颗颗流光溢彩的明珠。从上游到下游，从南边到北边，长江水系把它们串在一起，宛如一串华美的项链；它们铺展在流域大地，酷似满天耀眼的星斗。

大江东去

上善若水，水善利万物而不争。

岁月用东去的江河水，勾勒出中华文明的生命线。

从雪山走来、向东海奔去的长江，横贯我国东部、中部和西部地区，一路过千峡、纳万流，连接东部沿海地区和广袤的内陆，给流域儿女以灌溉之利、舟楫之便、鱼米之裕，始终在我国经济社会发展中占有重要地位。

人类因水而兴。从沿海起步先行、溯内河向纵深腹地梯度发展，是许多发达国家在现代化进程中的共同经历。纵观世界各国发达的经济走廊和经济重心区，几乎都布局在主要江河流域，流域经济区是各国重要的产业集聚带和城市密集带，是国民经济的重要增长点。发展流域经济，无疑是合理布局生产力、推进产业集聚和实现区域经济协调发展的有效途径。

串起英国的泰晤士河，孕育了伦敦的繁华；挽起欧洲西北部城市群的莱茵河，促进了法国、德国和荷兰的兴盛。长江，不仅是中华文明的摇篮之一，也是中国经济社会可持续发展的重要命脉。中国每 3 立方米水就有 1 立方米是长江水，每 3 个人就有 1 个是长江人，每 3 元 GDP 就有 1 元来自长江流域。

如今，长江流域是中国经济基础最好、最具开发潜力的区域，是全国最重要的高密度经济走廊。依托长江，打造一条经济带，有独特的优势和巨大的潜力，也是长江区域经济发展的最佳选择。

“长江经济带”的概念，最早由我国近代民主革命的先行者孙中山提出。辛亥革命推翻清政府，结束中国 2000 多年的封建帝制后，各路军阀借机粉墨登场，在“城头变幻大王旗”。面对新的乱局，孙中山试图走“实业救国”之路。1918 年，他辞去海陆军大元帅一职后，回到上海，入住莫里哀路 29 号（今香山路 7 号）寓所，潜心研究民族振兴、国家图强之道，以高度的政治热情和广阔的国际视野为中国设计了经济建设的宏伟蓝图。他在《实业计划》这一鸿篇巨制中提出，扬子江（长江）流域拥有大量的人口和丰富的自然资源，具有重要的发展前景，通过在扬子江流域建造城市及发展工商业，既可促成全国经济均衡划分，也将改变中国的工业遍布于东南沿海的畸形状态。惜乎当时国内局势未稳，这一计划并未得到实施的机会。

长江磅礴的力量，一直在推动着新时代的到来。20 世纪 80 年代初，在改革开放的大潮中，陆大道、孙尚清、马洪等经济学家都认准了以长江为纽带能辐射拉动经济发展，分别提出沿海轴线与沿江轴线组成的 T 字型区域发展战略、建设长江产业密集带等构想。进入 20 世纪 90 年代，构想多年的蓝图逐渐走向实践探索，中央开始谋划通过上海的辐射带动作用，建设“长江三角洲及长江沿江地区经济带”。到了21世纪，探索进一步扩大，交通部于2005年牵头沿江七省二市签订《长江经济带合作协议》，协议设想了以上海和重庆分别为“龙头”和“龙尾”构筑经济带联动发展的格局；2009年以后，长江沿线七省二市不断呼吁“将长江经济带的发展上升为国家战略”。不过，由于受沿江省市分割的行政体制以及尚不完善的交通基础设施等客观条件制约，各省市经济发展极不平衡，长江经济带仍旧未能成为一条横贯东西、连接南北的协调经济带。

长江承东启西、接南济北、通江达海、人文荟萃，滋养了绵延数千年的中华文明，如今必然也会继续成为引领中国开放发展的重要轴线。2014年9月，国务院印发《关于依托黄金水道推动长江经济带发展的指导意见》，明确了打造长江经济带为“中国经济新支撑带”的战略目标。同年12月，长江经济带战略上升为国家“三大支撑带战略”之一。长江经济带覆盖上海、江苏、浙江、安徽、江西、湖北、湖南、重庆、四川、云南、贵州等11个省市，面积约205.23万平方千米，占全国的21.4%，人口和生产总值均超过全国的40%。

目标既定，如同战鼓催征。很快，长江经济带这盘涉及11个省市、6亿人口，横贯东中西部三大板块的新棋局，精准落子，全面铺展。2016年9月，《长江经济带发展规划纲要》正式印发，确立了长江经济带“一轴、两翼、三极、多点”的发展新格局：“一轴”是以长江黄金水道为依托，发挥上海、武汉、重庆的核心作用，推动经济由沿海溯江而上梯度发展；“两翼”分别指沪瑞和沪蓉南北两大运输通道，这是长江经济带的发展基础；“三极”指的是长江三角洲城市群、长江中游城市群和成渝城市群，充分发挥中心城市的辐射作用，打造长江经济带的三大增长极；“多点”是指发挥三大城市群以外地级城市的支撑作用。

长江流域山水林田湖浑然一体，具有强大的涵养水源、繁育生物、释氧固碳、净化环境功能，是我国重要的生态安全屏障，更是子孙后代生生不息、永续发展的重要支撑，如同国之血脉，具有无可替代的战略地位。如何处理发展和保护的关系，是推动长江经济带高质量发展绕不开的必答题。《长江经济带发展规划纲要》明确要求，要把保护和修复长江生态环境摆在首要位置，共抓大保护，不搞大开发，全面落实主体功能区规划，明确生态功能分区，划定生态保护红线、水资源开发利用红线和水功能区限制纳污红线，强化水质跨界断面考核，推动协同治理，严格保护一江清水，努力建成上中下游相协调、人与自然相和谐的绿色生态廊道。2018 年 11 月，中共中央、国务院明确要求，充分发挥长江经济带横跨东中西三大板块的区位优势，以共抓大保护、不搞大开发为导向，以生态优先、绿色发展为引领，依托长江黄金水道，推动长江上中下游地区协调发展和沿江地区高质量发展。

在“共抓大保护”的旗帜下，沿江各地以壮士断腕的决心、雷霆万钧的力度，向破坏长江生态的顽疾宣战，治污染、保水土、复岸线、护砂石、禁捕捞、设河长……促进流域经济社会发展全面绿色转型，长江经济带生态环境保护发生转折性变化。

江水滚滚东逝，江岸黄了又绿，长江的模样也在日复一日的努力中发生着可喜变化，一幅生态画卷正在铺展——江边，“又绿江南岸”的景象正在恢复，一簇簇、一排排杨树或柳树，将过去被砂石码头、垃圾废渣侵占的岸线装点得生机盎然；江面，客船、货轮往来穿梭井然有序，曾经一度猖獗的非法采砂船不见踪迹；江中，清波流碧映彩云，武汉、池州、镇江等水域再现了多年难见的江豚戏水画面。

2021 年 3 月 1 日，《中华人民共和国长江保护法》正式施行。这是我国首部有关流域保护的专门法律，长江大保护正式步入法治轨道。

大江东去，奔流不息。在百年未有的世界大变局中，一曲雄浑壮美的新时代长江之歌正在母亲河上唱响，如春潮连海，随波万里，昼夜不息。

本书图片由肖本祥、姚忠辉、陈仲原、张伟革、王连生、李学华、夏晶、钱良好、张大岗、刘浩军、缪宜江、穆定超等拍摄和提供。